10대라면 반드시 알아야 할 사자성어

사자성어를 알면 문해력이 보인다

10대라면 반드시 알아야 할 사자성어

사자성어를 알면 문해력이 보인다

신성권 지음

들어가는 말

한글은 알지만, 문장의 뜻을 이해하지 못하는, 문맹 아닌 문맹인 청소년들이 점점 늘어나고 있다. 문해력의 기초는 어휘력이다. 우리말의 개념어들이 대부분 한자어로 되어 있어, 한자어의 속뜻을 알지 못하면 문장에 대한 이해력 역시 떨어질 수밖에 없다. 일상에서 자주 사용하는 쉬운 어휘들은 한글의 학습만으로도 문맥상 잘 구분해서 이해할 수 있겠지만, 대학교 진학 이후에 마주하게 되는 학술용어나 전문용어는 대부분 한자어로 되어있어, 점차 텍스트에 대한 문해력이 떨어질 수밖에 없는 구조다. 글을 한글로 읽을 수 있다고 해서 다 아는 것이 아니다. 개념어를 정확히 이해하고 그 낱말의 쓰임새를 알아야 맥락을 읽는 문해력과 사고력이 자랄 수 있다.

필자는 고사성어를 활용해 기초 한자실력과 문해력을 키우는 데 중점을 두어 '사자성어를 알면 어휘가 보인다'에 이어 '사자성어를 알면 문해력이 보인다'를 출간했다.

'고사(故事)'란 유래가 있는 옛날의 일로 주로 역사적인 일을 가리키고, '성어(成語)'는 옛사람들이 만들어 낸 관용어를 가리킨다. 단어 길이는 두 자부터 길면 열두 자까지 다양하지만, 네 글자가 가장 많아 흔히 사자성어(四字成語)라 부르는 것이다. 우리는 고사성어 공부를 통해, 일상에서 가장 많이 사용되는 기초 한자들을 익힐 수 있다. 그뿐만 아니라 고사성어에는 옛사람들이 깨달은 삶의 지혜가 담겨 있고, 고사성어의 유래와 뜻을 이해하면서 문해력까지 높일 수 있다. 그 효용이 적지 않은 만큼 지금도 꾸준히 청소년을 대상으로 고사성어 교육이 이루어지고 있는 것이다.

두 번째 권인 '사자성어를 알면 문해력이 보인다'에서는 고사성어의 재미있는 유래와 각 한자가 가지고 있는 속뜻을 풀어, 한자의 형성과정과 함께 어휘를 이해하고 문해력을 키울 수 있도록 구성하였다. 키워드로 보는 사자성어에서는 해당 주제와 관련된 다양한 사자성어를 소개하고 있으며, 각 말미에 적절한 예문을 제시하여 사자성어를 일상에서 어떻게 표현해야 하는지를 습득할 수 있도록 하였다.

이 책은 청소년을 주요 독자로 설정하고 있지만, 어휘력과 문해력에 한계를 느끼는 성인들이 부담 없이 공부하기에도 적합하다. 사자성어 공부를 통해, 지적 교양을 높이고, 더불어 삶의 지혜를 터득하길 바란다.

– 신성권 작가

차례 ─────────────────────────────────────

개관사정

蓋棺事定

죽은 후에야
정당한 평가를 받는다

당나라 최고의 시인 두보(杜甫)가 사천성 기주라는 산골에서 가난하게 살고 있을 때, 마침 그곳에는 자신의 친구 아들인 소혜(蘇徯)가 살고 있었다. 젊은 그가 실의에 찬 나날을 보내고 있는 것을 안타깝게 여기며 '군불견간소혜(君不見簡蘇徯)'라는 한 편의 시를 써서 그를 격려했다고 한다. 주 대목은 '죽어서 관 뚜껑이 덮여져야 장부의 일이 결정된다'는 것이었다. 여기서, 개관사정(蓋棺事定)이라는 고사성어가 나왔다.

그대 못 보았나, 길옆에 버려진 물웅덩이를,
그대 못 보았나, 부러져 넘어진 오동나무를,
백년 살다 죽은 나무가 거문고로 쓰이고,
작은 웅덩이 속에도 큰 용이 숨을 수 있네,
사내의 일이란 관 뚜껑이 덮여야 결정되는데,
그대는 다행히 늙지 않았거늘,
어찌 초췌하게 산속에서 한탄만 하는가?
산속의 깊은 골짜기는 살 곳이 아니니,
벼락과 도깨비가 날아들고 미친 바람까지 겹쳤음에랴……

이 시를 읽은 소혜는 당장 그곳을 떠나 호남 땅에서 세객(說客, 뛰어난 말솜씨로 각지를 유세하고 다니는 사람)이 되었다고 한다.

蓋棺事定

관(棺) 뚜껑을 덮고(蓋) 일(事)을 바로(定) 잡다.
죽고 난 뒤에야 올바르고 정당한 평가를 할 수 있다는 말.

● 한자를 알면 문해력이 보여요

蓋(개) : 덮을 개, 13획, 부수 艹　　棺(관) : 널 관, 12획, 부수 木
事(사) : 일 사, 8획, 부수 亅　　定(정) : 정할 정, 8획, 부수 宀

蓋자는 艹(풀 초), 盍(덮을 합)이 합하여 이루어진 모습이며, '덮다'나 '뚜껑'이라는 뜻을 가진 글자이다.

棺자는 木(나무 목)과 官(벼슬 관)이 합하여 이루어진 모습으로, '관', '입관하다'라는 뜻을 가진 글자이다.

事자는 '일'이나 '직업', '사업'이라는 뜻을 가진 글자이며, 갑골문이 등장했던 시기, 事(일 사)는 정부 관료인 '사관'을 뜻했다. 사관은 제사를 주관했기 때문에 후에는 '일'이나 '직업'을 뜻하게 되었다.

定자는 宀(집 면), 正(바를 정)이 합하여 이루어진 모습이며, '정하다'나 '안정시키다'라는 뜻을 가진 글자이다.

면목약여 面目躍如 : 세상의 평가나 지위에 걸맞게 활약하는 모양.

논공행상 論功行賞 : 어떤 사람의 공적을 평가하여 그에 알맞은 상을 줌.

칭찬불이 稱讚不已 : 칭찬하여 마지않을 정도로 높이 평가함을 이르는 말.

● 멋지게 쓰기

이렇게 표현해요

"사회적으로 주목받지 못한 예술가들은 마음 한 곳에
개관사정이라는 희망을 품는다."

開卷有得

책을 펴 글을 읽으면
얻는 것이 있다

해당 고사성어는 중국 진나라 시절, 유명한 시인 도연명의 「도잠전(陶潛傳)」에 '어려서부터 책을 좋아하고 친구와 더불어 여유로운 마음으로 책을 읽어 얻은 게 많았다'는 '소년래호서 우애한정 개권유득(少年來好書 偶愛閑靜 開卷有得)'에서 유래하였다.

'개권유익(開卷有益)'이라는 말을 남긴 송나라 태종의 3남, 진종(眞宗) 황제는 「권학문(勸學文)」에서 '글 속에 저절로 많은 녹봉이 있으니, 평안하게 살려고 좋은 집 세울 것 없다. 글 속에 황금으로 꾸민 집이 있다. 나들이할 때 종이 없음을 한탄하지 말라. 글 속에 수레와 말이 총총히 있다. 글 속에 옥같이 고운 여인도 있다. 사나이가 품은 평생의 뜻을 이루려거든 책속에 온갖 부귀영화가 있으니 독서를 하라'고 권유한다.

開卷有得

책(卷)을 펴(開) 글을 읽으면 얻는(得) 것이 있다(有).
책을 펴 글을 읽으면 새로운 지식을 얻을 수 있다는 뜻.

● 한자를 알면 문해력이 보여요

開(개) : 열 개, 12획, 부수 門　　　卷(권) : 책 권, 8획, 부수 巳
有(유) : 있을 유, 6획, 부수 月　　　得(득) : 얻을 득, 11획, 부수 彳

開자는 門(문 문), 开(평평할 견)이 합하여 이루어진 모습이며, '열다'나 '펴다'라는
뜻을 가진 글자이다.

卷자는 모양이 크게 바뀌기는 했지만 巳(병부 절), 釆(분별할 변), 廾(받들 공)이 합하
여 이루어진 모습이며, '책'이나 '두루마리', '돌돌 말다'라는 뜻을 가진 글자이다.

有자는 又(또 우), 月(육달 월)이 합하여 이루어진 모습이며, '있다', '존재하다', '가
지고 있다', '소유하다'라는 뜻을 가진 글자이다.

得자는 彳(조금 걸을 척), 貝(조개 패), 寸(마디 촌)이 합하여 이루어진 모습이며, '얻
다'나 '손에 넣다'라는 뜻을 가진 글자이다.

● 키워드로 배우는 사자성어 : #유익 #책

개권유익 開卷有益 : 책을 펴서 읽으면 반드시 이로움이 있다는 뜻.
암구명촉 暗衢明燭 : 삶의 가르침을 주는 책을 이르는 말.
만권시서 萬卷詩書 : 아주 많은 책.

開　卷　有　得

"**개권유득**은 예나 지금이나 변하지 않은 진리이다.
미래에도 마찬가지일 것이다."

건곤일척

乾坤一擲

하늘과 땅을 두고
한번 던지다

승패와 흥망을 걸고 마지막으로 결행하는 단판 승부를 말한다.

초나라 항우(劉邦)와 한나라 유방(劉邦)은 대군을 거느리고 대치하고 있었다. 항우와 유방은 승부가 쉽게 날 것 같지 않아 휴전하고자 했다. 그러나 유방의 참모였던 장량(張良)과 진평(陳平)은 유방에게 다음과 같이 진언했다.

"후환을 남기지 않고 초나라를 멸망시킬 때는 바로 이때이며, 지금 기회를 놓치면 큰 피해를 보게 될 것입니다."

심사숙고한 유방은 마지막 승부수를 띄울 것을 결심하고 항우의 뒤를 추격했다. 결국, 다음 해에 초나라 군사는 해하전투에서 패하고 유방은 승리했다. 항우는 오강으로 달아나 그곳에서 자결했고, 이로써 유방은 중국의 두 번째 통일 국가인 한나라 황제가 된다.

당나라의 시인 한유(韓愈)는 이때의 싸움을 '천하를 건 도박'으로 표현하며『과홍구(過鴻溝)』라는 고시를 썼다.

"용은 지치고 범은 곤하여 천원(川原)을 나누니

천하의 백성이 목숨을 보전하였네.

누가 군왕으로 하여금 말머리를 돌리게 하여

하늘과 땅을 건 도박을 벌였는가?"

乾坤一擲

하늘[乾]과 땅[坤]을 두고 한번[一] 던지다[擲].

하늘과 땅의 운명을 걸고 하는 마지막 한판 승부를 이르는 말.

● 한자를 알면 문해력이 보여요

乾(건) : 하늘 건, 11획, 부수 乙　　　坤(곤) : 땅 곤, 8획, 부수 土

一(일) : 한 일, 1획, 부수 一　　　擲(척) : 던질 척, 18획, 부수 扌

乾자는 倝(햇빛 빛날 간), 乙(새 을)이 합하여 이루어진 모습이며, '하늘'이나 '마르다'라는 뜻을 가진 글자이다.

坤자는 土(흙 토), 申(펼 신)이 합하여 이루어진 모습으로, '땅'이나 '괘(卦)'를 뜻하는 글자이다. 申자는 번개가 내려치는 모습을 그린 것으로 '펴다'라는 뜻이 있다.

一자는 '하나'나 '첫째', '오로지'라는 뜻을 가진 글자이며, 막대기를 옆으로 눕혀 놓은 모습을 그린 것이다.

擲자는 扌(재방 변), 鄭(정나라 정)이 합하여 이루어진 모습으로, '던지다', '내버리다'라는 뜻을 가진 글자이다.

일척건곤 一擲乾坤 : 한 번 던져서 하늘이냐 땅이냐를 결정한다.
재차일거 在此一擧 : 이 한 번으로 담판을 짓는다는 뜻.
일결승부 一決勝負 : 한 번에 승부를 결정짓는다는 뜻.

● 멋지게 쓰기

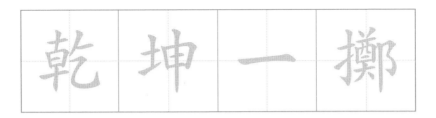

이렇게 표현해요

"올림픽에서 선수들은 **건곤일척**의
마음으로 경기에 최선을 다했다."

18

격물치지

格物致知

사물의 이치를 끝까지
파고들어 앎에 이름

격물(格物)·치지(致知)·성의(誠意)·정심(正心)·수신(修身)·제가(齊家)·치국(治國)·평천하(平天下)의 8조목으로 된 내용 중, 처음 두 조목을 가리키는데, 이 말은 본래의 뜻이 밝혀지지 않아 후세에 그 해석을 놓고 여러 학파(學派)가 생겨났다. 그중에서 대표적인 것이 주자학파와 양명학파이다.

주자(朱子)는 '격물'에 대해 이렇게 말한다.

"세상 만물은 나름의 이치를 가지고 있다. 그 이치를 하나씩 추구해 들어가면 마침내 세상 만물의 표리와 정조를 밝혀 낼 수 있다. '격(格)'이라는 것은 도달한다는 것이니, '격물'은 사물에 도달한다는 의미다."

주자는 '치지'에 대해 다음과 같이 덧붙인다.

"이것은 만물이 지닌 이치를 추구하는 궁리와 같은 의미다. 세상 사물에 이르고 그 이치의 추궁으로부터 지식을 쌓아 올려 앎(知)을 지극히 한다(致)는 것이다.

반면, 왕양명(王陽明)은 참다운 앎인 양지(良知)를 얻기 위해서는 사람의 마음을 어둡게 하는 물욕(物欲)을 물리쳐야 한다고 주장하여, '격(格)'

을 물리친다는 뜻으로 풀이했고, 심즉리설(心卽理說)을 확립하였다.

　　주자의 격물치지가 이치와 지식을 강조한 것임에 반해 왕양명은 도덕과 실천을 중시한 것이라 할 수 있다. 이에 따라 오늘날에는 주자학을 이학(理學)이라 하고, 양명학을 심학(心學)이라고도 한다.

格物致知

사물[物]을 바로잡아[格] 앎[知]에 이르다[致].
모든 사물의 이치를 끝까지 파고들어 앎에 이르다.

● 한자를 알면 문해력이 보여요

格(격) : 바로잡을 격, 10획, 부수 木　　物(물) : 사물 물, 8획, 부수 牛
致(치) : 이를 치, 10획, 부수 至　　知(지) : 알 지, 8획, 부수 矢

格자는 木(나무 목), 各(각각 각)이 합하여 이루어진 모습이며, '바로잡다'라는 뜻을 가진 글자이다.

物자는 牛(소 우), 勿(말 물)이 합하여 이루어진 모습이며, '물건'이나 '사물'이라는 뜻을 가진 글자이다.

致자는 至(이를 지), 攵(칠 복)이 합하여 이루어진 모습이며, '이르다'나 '보내다'라는 뜻을 가진 글자이다.

知자는 矢(화살 시), 口(입 구)가 합하여 이루어진 모습이며, '알다'나 '나타내다'라는 뜻을 가진 글자이다.

궁리진성 窮理盡性 : 이치를 탐구하고 본성을 다하다.

실사구시 實事求是 : 사실에 토대를 두어 진리를 탐구하는 일.

하학상달 下學上達 : 쉬운 지식을 배워 어려운 이치를 깨달음을 이르는 말.

● 멋지게 쓰기

이렇게 표현해요

"무슨 일이든 일 할 때는 공부를 하는 것처럼 원리와 이치를 하나하나
따져 가며 **'격물치지'**를 해야 실패를 면하거나 줄일 수가 있다."

견마지양

犬馬之養

개와 말처럼 봉양한다

『논어(論語)』의「위정편(爲政篇)」에 다음 같은 내용을 다루고 있다.

자유(子游)가 효에 대해 묻자 공자가 대답했다.

"근래엔 공양하는 것만을 효라 생각한다. 그러나 개나 말도 사람에게 키움을 받는다. 부모를 공경하는 마음이 없다면 개나 말과 같지 않다고 감히 말하겠는가."

이것은 무슨 뜻인가? 효는 물질적인 것만이 아니라는 것이다. 개는 집을 지키고, 소는 농사를 돕고, 말은 수레를 끌며 인간에게 봉사한다. 이러한 개나 소, 그리고 말의 봉사는 결코 인간의 봉사와는 다르다. 그러므로 물질적인 것으로 부모를 대하는 것은 진정한 효도라 할 수 없다는 것이다.

"진정한 효도는 부모를 진정한 마음으로 공경하는 데서 나오는 것이다."

이것이 유교의 입장이다.

犬馬之養

개[犬]와 말[馬]의[之] 봉양[養].
부모를 공경하는 마음 없이 물질적으로만 봉양하는 것은, 효도가 아님.

● 한자를 알면 문해력이 보여요

犬(견) : 개 견, 4획, 부수 犬   馬(마) : 말 마, 10획, 부수 馬
之(지) : 갈 지, 4획, 부수 丿   養(양) : 기를 양, 15획, 부수 食

犬자는 '개'라는 뜻을 가진 글자이다. 갑골문 이전의 문자라고도 하는 도문(陶文)
에도 犬(개 견)이 발견될 정도로 개는 인류와 매우 가까운 동물이었다.

馬자는 갑골문을 보면 '말'의 모양을 본뜬 모습으로, 말의 특징을 표현하기 위해
큰 눈과 갈기가 함께 그려져 있다.

之자는 '가다'나 '~의', '~에'와 같은 뜻을 가진 글자로, 사람의 걸음을 형상화한
것이다.

養자는 羊(양 양), 食(밥 식)이 합하여 이루어진 모습으로, '기르다'나 '먹이다', '봉
양하다'라는 뜻을 가진 글자이다.

● 키워드로 배우는 사자성어 : #봉양 #효도

숙수지공 菽水之供 : 가난한 중에도 정성을 다하여 부모를 봉양하는 일을 이르
　　　　　　　　　　는 말.
사친이효 事親以孝 : 세속 오계의 하나. 어버이를 섬기기를 효도로써 함을 이른
　　　　　　　　　　다.
온정정성 溫凊定省 : 자식이 효성을 다하여 부모를 섬기는 도리.

이렇게 표현해요

"물질로써 **견마지양**만 하지 말고, 마음으로써 부모님을 섬겨야 한다."

경국지색
傾國之色

나라를
기울게 하는 미인

한나라 무제(武帝) 때 음악을 관장하는 벼슬에 이연년(李延年)이라는 사람이 있었다. 그는 노래와 작곡에 뛰어난 재능이 있었는데 어느 날 궁중 악사들이 모인 자리에서 곡조에 맞춰 노래를 불렀다.

북쪽에 아름다운 여인이 있어 세상을 벗어나 홀로 서 있네.
한번 돌아보면 성이 기울고 두 번 돌아보면 나라를 위태롭게 하네.
어찌 성이 기울고 나라가 위태로워지는 것을 모르겠는가.
아름다운 여인은 두 번 다시 얻기 어렵다네.

성을 잃고 나라가 기우는 것은 큰일이지만 장부로서 미인을 얻는 것이라면 그만한 일쯤은 각오해야 한다는 내용이었다.

노래를 들은 무제는 여인이 누구인지 궁금해하였고 이연년은 자신의 누이라고 말한다. 무제는 이 여인을 불러들이게 하였고 그녀의 아름다운 모습과 춤추는 솜씨에 매료되었다. 이 여인이 바로 무제의 총애를 한몸에 받은 이 부인이다.

황제의 사랑을 얻은 이 부인은 아들을 낳았다. 그러나 워낙 허약한 탓에 아들을 낳은 후 산후 조리가 잘못되어 목숨을 잃었다. 황제는 장안 근교에 무덤을 만들어 영릉(英陵)이라 하였다.

傾國之色

나라[國]를 기울게[傾] 하는[之] 미색[色]
나라가 위기에 빠져도 모를 정도로 아름다운 여자를 이르는 말.

● 한자를 알면 문해력이 보여요

傾(경) : 기울 경, 13획, 부수 亻   國(국) : 나라 국, 11획, 부수 囗
之(지) : 갈 지, 4획, 부수 丿   色(색) : 빛 색, 6획, 부수 色

傾자는 人(사람 인), 頃(잠깐 경)이 합하여 이루어진 모습이며, '기울다'나 '바르지 않다'라는 뜻을 가진 글자이다.

國자는 囗(에운담 위), 或(혹 혹)이 합하여 이루어진 모습으로, '나라'나 '국가'라는 뜻을 가진 글자이다. 或(혹 혹)은 창을 들고 성벽을 경비하는 모습을 그린 것이다.

之자는 '가다'나 '~의', '~에'와 같은 뜻을 가진 글자로, 사람의 발을 그린 것이다.

色자는 허리를 굽히고 있는 사람을 그린 ク(칼도 도)와 巴(꼬리 파)가 합쳐진 것으로, '색채'나 '얼굴빛', '정욕'이라는 뜻을 가진 글자이다. 허리를 굽히고 꽁무니를 내뺀 모습에서 '정욕'을 유추해낼 수 있다.

경성지미 傾城之美 : 한 성(城)을 기울게 할 만한 미색

단순호치 丹脣皓齒 : 붉은 입술과 하얀 이란 뜻으로, 여자의 아름다운 얼굴을 이
르는 말.

만고절색 萬古絶色 : 고금(古今)에 예가 없이 뛰어난 미색, 미인을 뜻함.

● 멋지게 쓰기

이렇게 표현해요

"그녀는 가히 **경국지색**이라 할 만한 미모와 학식을 가지고 있었다."

계명구도

鷄鳴狗盜

닭처럼 울며
개처럼 도둑질 한다

전국시대의 식객(食客)은 한 가지 재주 있는 사람을 뜻했다. 당시의 실권자들은 이러한 식객들을 받아들여 자신의 위세를 떨쳤다. 그러한 인물 가운데 제(齊)나라에 맹상군(孟嘗君)이 있었다. 인물 됨됨이에 대한 소문은 멀리 진(秦)나라에까지 이르러 소양왕(昭襄王)이 그를 청해 재상으로 삼고자 하였다.

그러나 막상 그를 청하여 들이자 반대 여론이 많아 약속을 지킬 수 없었다. 여러 중신들은 왕에게 말했다. 만약 살려보낸다면 앙심을 품고 복수할 것이 분명하므로 맹상군을 죽여야 한다는 것이다.

상황이 이렇게 되자 맹상군은 사람을 시켜 소양왕의 애첩에게 도움을 청했다. 뜻밖에 애첩이 이미 소양왕에게 준 호백구(백여우 가죽으로 만든 털옷)를 원하자 부득이 좀도둑질에 능한 사내로 하여금 훔쳐오게 하여 애첩에게 주었다. 그렇게 하여 귀국을 허락받고, 일행이 말을 달려 함곡관(函谷關)에 이르렀다. 하지만 닫힌 문은 새벽에야 열리게 돼 있었는데, 이때 닭 울음소리를 잘 내는 사내의 덕택으로 관문을 탈출할 수 있었다. 소양왕의 추격대가 도착했으나 맹상군 일행은 이미 관문을 빠져나간 후였다.

鷄鳴狗盜

닭[鷄]처럼 울며[鳴] 개[狗]처럼 도둑질[盜] 한다.
하찮은 재주도 때로는 요긴하게 쓸모가 있음을 비유한 말.

● **한자를 알면 문해력이 보여요**

鷄(계) : 닭 계, 21획, 부수 鳥　　鳴(명) : 울 명, 14획, 부수 鳥
狗(구) : 개 구, 8획, 부수 犭　　盜(도) : 훔칠 도, 12획, 부수 皿

鷄자는 奚(어찌 해), 鳥(새 조)가 합하여 이루어진 모습으로, '닭'을 뜻하는 글자이다.

鳴자는 '울다'나 '(소리를)내다'라는 뜻을 가진 글자이다. 한자를 이해하는 팁 중하나는 글자 앞에 口(입 구)가 있으면 대부분이 '소리'와 관련된 뜻이라는 점이다.

狗자는 犬(개 견), 句(글귀 구)가 합하여 이루어진 모습이며, '개'나 '강아지'라는 뜻을 가진 글자이다.

盜자는 마치 次(버금 차), 皿(그릇 명)이 합하여 이루어진 모습이며, '훔치다'나 '도둑질'이라는 뜻을 가진 글자이다.

● **키워드로 배우는 사자성어 : #재주 #쓸모**

계명지객 鷄鳴之客 : 닭 울음소리를 묘하게 잘 흉내 내는 식객(食客)을 이르는 말.
함곡계명 函谷鷄鳴 : 점잖은 사람이 배울 것이 못 되는 천한 기능.
재덕겸비 才德兼備 : 재주와 덕행을 함께 갖춤.

이렇게 표현해요

"그는 학문이 깊지 못하지만, **계명구도**처럼 일상생활에서 유용하게
써먹을 수 있는 잡지식에는 능하다."

고성낙일

孤城落日

고립된 성과
기울어진 낙조

왕유(王維)의 자는 마힐(摩詰)이다. 지금의 산서성 출신으로 개원 초기에 급제하였으며 벼슬은 상서우승(尙書右丞)에 이르렀다. 음악에 정통하였으며, 시를 잘 짓고 그림을 잘 그렸다. 맹호연(孟浩然)과 함께 도연명(陶淵明)의 풍류를 이어받은 탓인지 당시(唐詩)에서 새로운 일파를 개척한 것으로 알려져 있다. 다음의 시는 요새 밖의 쓸쓸한 정경과 외로운 심경을 나타낸다.

장군을 따라 우현을 취하고자 하니
모래밭으로 달려 거연(居延)으로 향하네
멀리 한나라 사자가 소관밖에 이른 것을 아니
근심스러운 것은 고성낙일(孤城落日)이라

여기서는 쓸쓸한 풍경과 외로운 심정을 노래한 데 불과하지만 보통 '고성낙일'이라 하면, 멸망하는 그날을 초조히 기다리는 심정을 나타낸다.

孤城落日

고립된[孤] 성[城]이 해가[日] 떨어진[落] 곳에 있다.
도움이 없이 고립된 상태를 뜻하는 말.

孤(고) : 외로울 고, 8획, 부수 子　　城(성) : 재 성, 9획, 부수 土
落(낙) : 떨어질 낙, 13획, 부수 艹　　日(일) : 날 일, 4획, 부수 日

孤자는 子(아들 자), 瓜(오이 과)가 합하여 이루어진 모습이며, '외롭다'나 '의지할
데가 없다'라는 뜻을 가진 글자이다.

城자는 土(흙 토), 成(이룰 성)이 합하여 이루어진 모습이며, '성'이나 '도읍', '나라'
라는 뜻을 가진 글자이다. 흙을 주재료로 하여 쌓은 토성을 떠올려볼 수 있을 것
이다.

落자의 갑골문을 보면 본래, 비를 뜻하는 雨(비 우)와, '가다'라는 의미의 各(각각
각)이 합해진 모습으로, 나뭇잎이나 비가 떨어지는 것을 표현한 것이지만, 여기
에 풀을 의미하는 艹(초두머리 초)자를 더해 의미를 확대한 글자다.

日자는 태양을 그린 것으로 '날'이나 '해', '낮'이라는 뜻이 있다.

고립무의 孤立無依 : 외롭고 의지할 데 없음.
고립무원 孤立無援 : 아무도 도와 줄 사람이 없는 외로운 처지.
사면초가 四面楚歌 : 아무에게도 도움을 받지 못하는, 외롭고 곤란한 지경.

이렇게 표현해요

"나이가 들어가며, 그녀는 점점 **고성낙일** 같은 삶을 살게 되었다."

曲學阿世

학문을 굽히어
세상에 아첨 한다

전한 무제 때에 원고생(轅固生)이라는 시인이 있었다. 그의 명성을 들은 황제가 널리 사람을 풀어 청하였다. 당시 그의 나이는 90세였으나 결코 노쇠한 모습을 보이지 않고 백설같이 분분한 머리를 드날리며 한달음에 달려와 황제를 배알 했다.

성격이 대쪽같던 노인이 나오는 바람에 제 잘난 척 떠들어대던 사이비 학자들은 결코 가만히 있을 수 없었다. 그들은 이마를 맞대고 결사적으로 원고생을 밀어낼 방안을 모색했다. 그래서 틈만 있으면 황제를 찾아가 연로한 원고생의 나약함을 지적하며 중상하고 모략했다. 그런데도 황제는 그를 중용했다.

이 당시 원고생과 함께 등용된 공손홍(公孫弘)이라는 학자가 있었다. 그는 몹시 원고생을 경멸하며 대했으나 원고생은 다음과 같이 말했다.

"지금 학문의 길은 어렵고 속설이 난무하고 있소. 이대로 가면 학문은 요사스러운 학설에 휘말리어 가닥을 찾기 어려울 것이오. 다행히 자네는 나이가 젊고 현명하니 부디 자신이 믿는 학설을 굽히어(曲學) 세상의 속물에 아부하지(阿世) 마시게."

이것이 곡학아세(曲學阿世)의 기원이다.

曲學阿世

학문[學]을 굽히어[曲] 세상[世]에 아첨[阿]한다
정도를 벗어난 학문으로 세상 사람에게 아첨함을 이르는 말.

曲(곡) : 굽을 곡, 6획, 부수 日   學(학) : 배울 학, 16획, 부수 子
阿(아) : 언덕 아, 8획, 부수 阝   世(세) : 세상 세, 5획, 부수 一

曲자는 '굽다'나 '바르지 않다'라는 뜻을 가진 글자이다. 日(가로 왈)이 부수로 지정되어는 있지만 '말씀'하고는 아무 관계가 없다.

學자는 臼(절구 구), 冖(집 면), 爻(사귈 효), 子(아들 자)가 합하여 이루어진 모습이며, '배우다'나 '공부하다'라는 뜻을 가진 글자이다.

阿자는 뜻을 나타내는 阝(좌부 변)과 음을 나타내는 동시에 '휘어 구부러지다'의 뜻을 나타내기 위한 可(옳을 가)로 이루어진 글자이다.

世자는 '일생'이나 '생애', '세대'라는 뜻을 가진 글자로, 나뭇가지와 이파리를 함께 그린 것이다.

● 키워드로 배우는 사자성어 : #아첨 #아부

교언영색 巧言令色 : 남의 환심을 사기 위해 교묘히 꾸며서 하는 말과 아첨하는 얼굴빛.
감언이설 甘言利說 : 남의 비위에 맞도록 꾸민 달콤한 말로 남을 꾀하는 말.
요미걸련 搖尾乞憐 : 개가 꼬리를 흔들면서 구걸한다는 뜻으로, 아첨을 잘함을 이르는 말.

曲 學 阿 世

이렇게 표현해요

"뉴스에서는 정치인들이 **곡학아세**를 통해 권력을 확보하려는
모습이 보도되었다."

管鮑之交

관중과 포숙아의
두터운 우정

춘추전국 시대에 관중(管仲)과 포숙아(鮑叔牙)가 있었는데 이들은 둘도 없이 친한 사이였다. 이들의 우정은 두보(杜甫)의 『빈교행(貧交行)』이라는 시에 잘 나타나 있다.

손바닥을 뒤집으면 구름이 되고 손을 엎으면 비가 되는 것처럼
사소한 원인으로 날씨는 금방 변한다. 세상인심도 이와 같아서
경솔한 행동과 박절한 마음을 일일이 셀 수 있으리
그러나 옛날에는 그렇지 않았으니 그대들은 보지 못하였는가,
관중과 포숙아가 빈곤했을 때의 사귐을
그러나 지금의 친구들은 진정한 우정의 도를 흙 버리듯 하네.

관중과 포숙아가 함께 장사하던 시절 관중이 이익금을 더 많이 가졌지만, 포숙아는 그가 탐욕스러운 것이 아니라 가난하기 때문이라고 말했다. 관중이 세 번 벼슬길에 나가 모두 군주에게 쫓겨났을 때 포숙아는 그가 못난 것이 아니라, 때를 만나지 못했기 때문이라 말했다. 관중이 세 번 전쟁터에 나가 모두 도망쳤을 때 포숙아는 그가 겁쟁이라서가 아니라 늙으신 어머니 때문임을 알아주었다. 이에 관중은 죽기 전에 이

렇게 말했다. "나를 낳아준 이는 부모지만 나를 진정으로 알아준 이는 포숙아다."

이렇듯 관중과 포숙아의 변함없는 우정을 바로 '관포지교'라 한다.

管鮑之交

관중[管]과 포숙아[鮑]의[之] 사귐[交]

아주 친한 친구 사이의 사귐.

● 한자를 알면 문해력이 보여요

管(관) : 대롱 관, 14획, 부수 竹   鮑(포) : 절인 물고기 포, 16획, 부수 魚

之(지) : 갈 지, 4획, 부수 丿   交(교) : 사귈 교, 6획, 부수 亠

管자는 竹(대나무 죽), 官(벼슬 관)이 합하여 이루어진 모습이며, '대롱'이나 '주관하다'라는 뜻을 가진 글자이다.

鮑자는 뜻을 나타내는 魚(물고기 어)와 음을 나타내는 包(감쌀 포)가 합해진 글자이다.

之자는 '가다'나 '~의', '~에'와 같은 뜻으로 쓰이는 글자로, 사람의 발을 그린 것이다.

交자는 양다리를 꼬고 있는 사람의 모양을 본뜬 것으로, '사귀다'나 '교제하다', '엇갈리다'라는 뜻을 표현한 글자이다.

금란지계 金蘭之契 : 쇠처럼 단단하고 난초 향기처럼 그윽한 사귐을 말함.
교칠지교 膠漆之交 : 아교와 옻의 사귐이라는 뜻으로, 매우 친밀한 사귐을 말함.
금석지교 金石之交 : 금석의 사귐이라는 뜻으로, 쇠와 돌처럼 변함없는 굳은 사
　　　　　　　　　귐을 말함.

● 멋지게 쓰기

이렇게 표현해요

"**관포지교**처럼 서로의 어려움에 도움을 주며 진심어린 우정을
나누는 모습이 인상적이었다."

巧言令色

교묘한 말과
아름다운 얼굴빛

공자는 일찍부터 꾸미는 언사에 대해 경계하는 자세를 취했다. 또한 그 부분에 대해 경계하는 말을 아끼지 않았다. 상대방에게 애교를 부리는 것까지는 좋으나 아첨하는 태도를 취하는 것은 결코 바람직하지 못하다는 지적이 그것이다. 공자는 교묘한 말을 지껄이며 부드럽게 얼굴색을 바꾸는 자를 소인배로 여겼다.

『논어(論語)』의 「학이편(學而篇)」에 '교언영색에는 인(仁)이 적다'고 하였다. 상대를 즐겁게 하는 얼굴이나 말에는 반드시 좋지 못한 뜻이 숨어 있다는 것이다.

그런가하면 「공야장편(公冶長篇)」에는 낯빛을 부드럽게 하는 것은 공자 자신도 부끄럽게 여긴다고 했다. 다시 말해 공자 자신도 수치로 여긴다는 뜻이다.

또한 공자는 '좌구명(左丘明)이 수치를 안다'고 말했다. 좌구명은 『춘추좌씨전(春秋左氏傳)』을 쓴 것으로 알려진 인물인데, 공자는 좌구명을 거론하면서까지 입에 발린 말 '교언'과 잘 꾸민 낯빛 '영색'이 최고의 처세가 되는 세상은 곧 망할 세상이라고 설명하였다.

巧言令色

교묘한[巧] 말[言]과 아름다운[令] 얼굴빛[色]

남에게 잘 보이려고 그럴듯하게 꾸며대는 말과 알랑거리는 태도를 이르는 말.

● **한자를 알면 문해력이 보여요**

巧(교) : 교묘할 교, 5획, 부수 工 　　言(언) : 말씀 언, 7획, 부수 言

令(령) : 아름다울 령, 부수 人 　　色(색) : 빛 색, 6획, 부수 色

巧자는 工(장인 공), 丂(공교할 교)가 합하여 이루어진 모습이며, '공교하다'나 '솜씨가 있다', '교묘하다'라는 뜻을 가진 글자이다.

言자는 입에서 소리가 퍼져나가는 모습을 본뜬 것으로, '말씀'이나 '말'이라는 뜻을 가진 글자이다. 言(말씀 언)이 부수로 쓰일 때는 '말하다'로 쓰이게 된다.

令자는 亼(삼합 집), 卩(병부 절)이 합하여 이루어진 모습이며, '~하게 하다'나 '이를테면', '법령'이라는 뜻을 가진 글자이다. 아름답다는 뜻도 가지고 있다.

色자는 '색채'나 '얼굴빛', '정욕'이라는 뜻을 가진 글자로, 허리를 굽히고 있는 사람과 巴(꼬리 파)가 합해진 것이다. 허리를 굽혀 꼬리 달린 꽁무니를 내밀고 있는 모습에서 '정욕'이라는 뜻을 연상해낼 수 있을 것이다.

● **키워드로 배우는 사자성어 : #아첨 #태도**

아유구용 阿諛苟容 : 남에게 잘 보이려고 구차스럽게 아첨함.

양양득의 揚揚得意 : 뜻을 이루어 뽐내며 꺼드럭거림. 또는 그런 태도.

오만무례 傲慢無禮 : 태도나 행동이 건방지거나 거만하여 예의를 지키지 아니함.

이렇게 표현해요

"자기 자신의 이익을 위해서 **교언영색**을 마다하지 않는
사람들을 보면 욕이 저절로 나온다."

교토삼굴

狡兔三窟

교활한 토끼는
굴을 세 개 파 놓는다

　제나라 재상 맹상군(孟嘗君)은 식객 풍훤(馮諼)에게 자신의 영지인 설읍에 가서 차용금을 거두어 오라고 했다. 그곳에 도착한 풍훤은 이곳 백성들이 흉년으로 고생하는 것을 알자 일단 채무자를 불러 모았다. 그리고는 차용금을 거두는 대신, 차용증을 모두 불태우고 백성들에게 맹상군이 그렇게 하도록 지시했다고 말했다.

　소식을 들은 맹상군은 어이없었다. 그는 몹시 불쾌한 표정으로 풍훤을 맞이했다.

　하지만 풍훤은 "지금 당신에게 필요한 것은 은의(恩義)입니다. 시생은 설읍 땅으로 가서 차용증서를 불사르고 당신에게 없는 은의를 사왔습니다."라고 말했고, 맹상군은 불쾌했지만 별다른 내색은 하지 않았다.

　그로부터 1년 후 맹상군은 제나라 민왕의 노여움을 사 관직을 박탈당하고 자신의 영지인 설읍으로 돌아오게 되었다. 설읍 일백 리 밖에 도착했을 때, 노소할 것 없이 그곳의 백성들이 모두 나와 맹상군을 환영했다.

　맹상군은 몹시 감격했으며, 풍훤이 긴 안목을 가진 사람이라는 것을 깨달았다.

　풍훤이 그에게 가로되 "슬기로운 토끼는 잡혀죽지 않기 위해 자신이 숨을 세 개의 굴을 가지고 있습니다. 지금 공께서는 오직 한 곳의 은신처밖에 없습니다. 아직 안심할 때가 아닙니다. 제가 공을 위해 두 개의 은신처를 더 마련하겠습니다"라고 말했다.

狡兎三窟

교활한[狡] 토끼[兎]는 굴[窟]을 세 개[三] 파 놓는다
교묘한 지혜로 위기를 피하거나 재난이 발생하기 전에 미리 준비를 해야 한다는 말.

● 한자를 알면 문해력이 보여요

狡(교) : 교활할 교, 9획, 부수 犭   兎(토) : 토끼 토, 8획, 부수 儿
三(삼) : 석 삼, 3획, 부수 一   窟(굴) : 굴 굴, 13획, 부수 穴

狡자는 뜻을 나타내는 犭(개사슴록변 견)과 음을 나타내는 交(사귈 교)가 결합하여 이루어진 글자로 '교활하다' '시샘하다' '음란하다'라는 뜻을 가지고 있다. 짐승(犭)이 암컷과 교미(交)를 하려고 주변 수컷들을 견제하는 모습을 연상할 수 있다.

兎자는 본래 긴 귀와 짧은 꼬리를 가진 토끼가 쭈그리고 앉아 있는 모습을 본뜬 것이었는데, 그것이 지금의 자형(字形)으로 변했다.

三자는 '셋'이나 '세 번', '거듭'이라는 뜻을 가진 글자로, 나무막대기 3개를 늘어놓은 모습을 그린 것이다.

窟자는 穴(구멍 혈), 屈(파낼 굴)이 합하여 이루어진 모습으로, '굴', '동굴'을 뜻하는 글자이다.

백사일생 百死一生 : 죽을 고비를 여러 차례 넘기고 겨우 살아남을 이르는 말.
구사일생 九死一生 : 아홉 번 죽을 뻔하다 한 번 살아난다는 뜻.
자신지책 自身之策 : 자기 한 몸의 생활을 꾀해 나갈 계책.

● 멋지게 쓰기

이렇게 표현해요

"사업을 시작할 때는 **교토삼굴**의 지혜를 발휘해서
위기에 대비해야 한다."

口蜜腹劍

입에는 꿀이 있고
뱃속에는 칼을 품음

당나라 6대 임금인 현종(玄宗)은 정치를 매우 잘하여 '개원(開元)의 치(治)'라고 일컬을 정도로 추앙받았다. 그러나 그러던 그도 황후가 죽은 뒤에는 양귀비에 빠져 정치에 싫증을 내고 사치와 방탕으로 세월을 보냈다. 어진 재상 장구령(張九齡)을 내쫓고 아첨꾼 이임보(李林甫)에게 나랏일을 모두 맡겼다. 이임보는 황제를 모시는 자신을 두고 수군거리거나 자신의 권위에 도전하는 신하가 나타나면 가차 없이 제거하였다.

"폐하는 고금에 둘도 없는 명군이시오. 어찌 신하된 자가 이러쿵저러쿵 말을 하는가. 누구나 가만히 있으면 탈이 없소이다만, 함부로 처신하면 목숨을 잃을 것이오."

이렇듯 자신의 권위에 도전하는 신하들은 모두 조정에서 쫓겨났고 그럴수록 이임보는 더욱 간교하게 조정 대신들을 죽이거나 귀양 보냈다. 특히 조정에서 쫓겨난 신하들은 모두 이임보를 두려워하며 다음과 같이 말했다고 한다.

"이임보는 입으로는 꿀 같은 말을 하지만 뱃속에는 무서운 칼이 들어 있어 위험한 인물이야."

이후 그가 죽고 나서 죄상이 밝혀짐에 따라 부관참시에 처해졌다.

口蜜腹劍

입[口]에 꿀[蜜]이 있고 뱃속[腹]에 칼[劍]이 있음.
말로는 친한 척하나 속으로는 미워하거나 해칠 생각이 있음을 비유한 말.

● **한자를 알면 문해력이 보여요**

口(구) : 입 구, 3획, 부수 口　　　蜜(밀) : 꿀 밀, 14획, 부수 虫
腹(복) : 배 복, 13획, 부수 月　　　劍(검) : 칼 검, 15획, 부수 刂

口자는 '입'이나 '입구', '구멍'이라는 뜻을 가진 글자로, 사람의 입 모양을 본떠
그린 것이기 때문에 '입'이라는 뜻을 갖게 되었다.

蜜자는 宓(잠잠할 밀), 虫(벌레 충)이 합하여 이루어진 모습이며, '꿀'이나 '꿀벌'이
라는 뜻을 가진 글자이다.

腹자는 月(육달 월), 复(돌아올 복)이 합하여 이루어진 모습이며, 오장육부 중 하나
인 '배'를 뜻하는 글자이다. 참고로 月(육달 월)이 붙은 한자는 신체 일부를 뜻하는
경우가 많다.

劍자는 '僉(다 첨), 刀(칼 도)가 합하여 이루어진 모습이며, '칼'이나 '베다'라는 뜻
을 가진 글자이다.

● **키워드로 배우는 사자성어 : #겉과 속**

화이부실 華而不實 : 겉모습은 그럴듯하지만 실속이 없음을 이르는 말.
사시이비 似是而非 : 겉은 옳은 것 같으나 속은 다름.
면종복배 面從腹背 : 겉으로는 순종하는 체하고 속으로는 딴마음을 먹음.

口　蜜　腹　劍

이렇게 표현해요

"그 친구는 너에게 좋은 말과 행동으로 다가가지만,
혹시 **구밀복검**일지도 모르니 조심해야 한다."

구상유취

口 尚 乳 臭

입에서 아직
젖 냄새가 난다

『초한지(楚漢志)』에 이런 이야기가 나온다. 한신(韓信)은 한 고조 유방(劉邦)의 명을 받고 위나라를 치기 위해 적진으로 떠났다. 그런데 한신이 떠난 자리에서 유방은 깜박 잊은 듯 신하에게 물었다.

"위나라 군대의 장수가 누군가?"

"백직(栢直)입니다."

"백직? 참으로 젖비린내 나는 놈이로구만. 그자가 어찌 한신을 당하겠는가."

구상유취는 이 말에서 유래했다.

이 말을 사용한 방랑 시인 김삿갓의 재미있는 일화가 있다. 김삿갓이 길을 가는데 선비들이 개를 잡아놓고 술자리를 벌이고 있었다. 술 마시는 데 둘째가라면 서러워할 김삿갓은 말석에 앉아 분위기를 살폈다. 그러나 어느 누구도 그를 눈여겨보지 않았다. 김삿갓은 슬그머니 일어나며 말했다.

"구상유취로세!"

그러자 선비들은 발끈하여 금방이라도 김삿갓을 패대기칠 기세였다.

이를 보고 김삿갓은 이렇게 말했다.

"나는 단지 개 초상에 선비들이 모여 있다고 했을 뿐이오(=狗 : 개 구, 喪 : 상당할 상, 儒 : 선비 유, 聚 : 모일 취)."

그 말에 모두들 웃고 말았다고 한다.

口尚乳臭

입[口]에서 아직[尚] 젖[乳] 냄새[臭]가 남
말이나 행동이 유치한 사람을 비유적으로 이르는 말.

● 한자를 알면 문해력이 보여요

口(구) : 입 구, 3획, 부수 口   尚(상) : 오히려 상, 8획, 부수 小
乳(유) : 젖 유, 8획, 부수 乙   臭(취) : 냄새 취, 10획, 부수 自

口자는 '입'이나 '입구', '구멍'이라는 뜻을 가진 글자로, 사람의 입 모양을 본떠 그린 것이기 때문에 '입'이라는 뜻을 갖게 되었다.

尚자는 '오히려'나 '더욱이', '또한'이라는 뜻을 가진 글자이다. 小(적을 소)자가 부수로 지정되어 있지만 '작다'라는 뜻과는 아무 관계가 없다. 본래 八(여덟 팔)과 向(향할 향)이 합해진 한자이기 때문이다.

乳자는 孚(믿을 부), 乙(새 을)이 합하여 이루어진 모습이며, '젖'이나 '젖을 먹이다'라는 뜻을 가진 글자이다.

臭자는 自(스스로 자), 犬(개 견)이 합하여 이루어진 모습이며, '냄새'라는 뜻을 가진 글자이다. 自(스스로 자)는 '코'라는 뜻도 가지고 있으므로, 그것이 犬(개 견)과 합하여 냄새라는 뜻을 가지게 된 것이다.

황구유취 黃口乳臭 : 어려서 아직 젖비린내가 난다는 뜻.
황구소아 黃口小兒 : 새 새끼의 주둥이가 노랗다는 뜻에서, 철없는 어린아이를
　　　　　　　　　　일컬음.
포탄희량 抱炭希凉 : 숯불을 안고 시원하기를 바람. 곧 행하는 바와 바라는 바가
　　　　　　　　　　반대됨.

● 멋지게 쓰기

이렇게 표현해요

"성희는 마치 모든 것을 다 아는 것처럼 큰소리치고 다니지만,
사실은 **구상유취**일 뿐이다."

국사무쌍
國士無雙
나라 안에
둘도 없는 인물

회음(淮陰) 사람 한신(韓信)은 한(韓)나라가 망한 후 천하를 떠돌며 걸식했다. 천하는 온통 소용돌이에 휘감기어 곳곳에서 민란과 폭동이 일어나 민심은 더욱 스산했다. 그러던 그가 우연히 항우(項羽)의 군영에 들어가 일을 하게 되었을 때, 여러 차례 병략에 대한 의견을 내놓았다. 그러나 한신의 군략은 채택되지 않고 번번이 물리쳐지자 그는 유방의 진영에 합류했다.

유방이 항우와 주도권을 다툴 때, 항우의 힘이 워낙 강해 유방 진영이 점차 어려움을 겪게 되었는데, 유방이 남정에 도착하자 군사들 중에 도망치는 자가 많았고 이때 한신도 도망가려 하였다. 그때 승상 소하(蕭何)가 그것을 알고 급히 한신을 쫓아갔다.

이때 유방이 승상부에 들렸다가 소하가 없는 것을 보고 도망친 것으로 알고 크게 낙담하였다. 그러나 얼마 후 다시 돌아왔다는 보고를 받고 그를 불러 물었다. 이유는 한신을 쫓아갔다는 것이다.

"한신이라면 무명소졸(無名小卒) 아닌가?"

"그는 나라 안에 둘도 없는 국사무쌍(國士無雙)한 인물입니다. 대장군에 임명하십시오."

이렇게 되어 얼마 후에 한신은 대장군이 되었다.

國士無雙

나라(國) 안에 둘(雙)도 없는(無) 인물(士)

매우 뛰어난 인재를 이르는 말.

● 한자를 알면 문해력이 보여요

國(국) : 나라 국, 11획, 부수 口　　士(사) : 선비 사, 3획, 부수 士

無(무) : 없을 무, 12획, 부수 灬　　雙(쌍) : 두 쌍, 18획, 부수 隹

國자는 口(에운담 위), 或(혹시 혹)이 합하여 이루어진 모습이며, '나라'나 '국가'라는 뜻을 가진 글자이다. 或(혹시 혹)은 창을 들고 성벽을 경비하는 모습을 그린 것이다.

士자는 '선비'나 '관리', '사내'라는 뜻을 가진 글자로, 허리춤에 차고 다니던 고대무기의 일종을 그린 것이다.

無자는 '없다'나 '아니다', '~하지 않다'라는 뜻을 가진 글자이다. 火(불 화)가 부수로 지정되어 있지만 '불'과는 아무 관계가 없다.

雙자는 又(또 우), 隹(새 추)가 합하여 이루어진 모습이며, '한 쌍'이나 '짝수'라는 뜻을 가진 글자이다.

● 키워드로 배우는 사자성어 : #인물 #비교

일세지웅 一世之雄 : 그 시대에 대적할 만한 사람이 없을 정도로 뛰어난 인물.

고금독보 古今獨步 : 고금을 통틀어도 비교할 만한 인물이 없을 만큼 뛰어남.

천하일품 天下一品 : 세상에 오직 하나밖에 없거나 매우 뛰어나서 견줄 만한 것
이 없음.

● 멋지게 쓰기

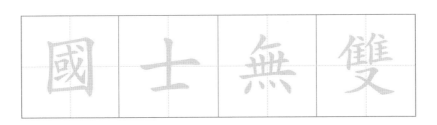

이렇게 표현해요

"조선시대의 **국사무쌍**은 단연 이순신 장군이라고 말할 수 있습니다."

권선징악
勸善懲惡
착한 것은 권하고
악한 것은 징계함

권선징악(勸善懲惡)은 『춘추좌씨전(春秋左氏傳)』에서 유래한 말로 선함을 권하고 악함을 징계한다는 뜻이다. 『춘추좌씨전』 노(魯) 성공(成公) 14년에 다음과 같은 기록이 있다.

"『춘추(春秋)』의 기록은 문장은 간략해 보이지만 뜻이 다 담겨있고, 사실을 서술하였지만, 뜻이 깊고, 완곡하지만 도리를 갖추었고, 사실을 다 기록하되 왜곡하지 않고, 악을 징계하고 선을 권장한 것이니, 공자(孔子)와 같은 성인(聖人)이 아니면 누가 이렇게 지을 수 있었겠는가?"

권선징악은 윗글의 '징악이권선(懲惡而勸善)'이라는 말에서 유래한 것으로, 악한 행위는 마땅히 징벌하여 바로잡고 선한 행위는 권하여 장려해야 한다는 뜻이다. 옳고 그름을 분명히 따져 충신과 효자에게는 상을 주고 난신과 적자에게는 벌을 주는 권선징악의 엄정한 평가는 공자가 『춘추』를 지으면서 객관적이고 공정한 서술과 더불어 가장 중시했던 점이다. 공자의 이러한 서술 태도는 후대에 춘추필법(春秋筆法)이라고 불릴 정도로 역사서술에 있어 하나의 기준이 되었다.

勸善懲惡

착한[善]것은 권[勸]하고 악한[惡] 것은 징계[懲]함.
착한 행실을 권장하고 악한 행실을 징계함.

● 한자를 알면 문해력이 보여요

勸(권) : 권할 권, 19획, 부수 力   善(선) : 착할 선, 12획, 부수 口

懲(징) : 징계할 징, 19획, 부수 心   惡(악) : 악할 악, 12획, 부수 心

勸자는 雚(황새 관), 力(힘 력)이 합하여 이루어진 모습이며, '권하다'나 '권장하다', '힘쓰다'라는 뜻을 가진 글자이다.

善자는 '착하다'나 '사이좋다'라는 뜻을 가진 글자로, 갑골문 보면 양과 눈이 함께 그려져 있다.

懲자는 徵(부를 징), 心(마음 심)이 합하여 이루어진 모습이며, '징계하다'나 '응징하다', '벌주다'라는 뜻을 가진 글자이다.

惡자는 亞(버금 아), 心(마음 심)이 합하여 이루어진 모습이며, '미워하다'나 '악하다', '나쁘다'라는 뜻을 가진 글자이다.

● 키워드로 배우는 사자성어 : #선행 #악행

대악무도 大惡無道 : 대단히 악독하고 사람의 도리에 어긋나 있음.
선악상반 善惡相半 : 선과 악이 서로 반씩 섞여 있음.
창선징악 彰善懲惡 : 선한 일은 모두에게 드러내어 찬양하고, 악한 일은 징벌함.

이렇게 표현해요

"이 시대에도 **권선징악**의 원칙을 따르는 사람들이 있다면,
사회가 보다 건강하게 발전할 것이다."

권토중래

捲土重來

흙먼지를 날리며
다시 옴

항우(項羽)와 유방(劉邦)의 초한 전쟁 때 항우는 강동 지역의 8천 자제(子弟)를 거느리고 천하를 호령하며 8년간 승승장구했다. 그러나 전쟁의 마지막을 장식한 구리산변의 싸움에서 유방은 초나라 군대의 사면을 겹겹으로 포위한 채 곳곳에서 초나라 노래를 부르며 매복병을 두었다. 항우의 신하들은 강동 지방으로 들어가 훗날을 도모하자고 조언했지만 항우는 이를 듣지 않고 결국 오강(烏江)에서 자결하고 말았다. 영웅으로 살아온 그는 작은 고을로 숨어들어가는 수치를 견디지 못한 것이다. 이를 두고 천년 뒤에 시인 두목(杜牧)은 『제오강정(題烏江亭)』이라는 시를 지었다.

승패란 병가에서 기약할 수 없는 일,
부끄러움을 참을 줄 아는 것이 사나이라네.
강동의 젊은이 중에는 인물도 많은데,
흙먼지 일으키며 다시 쳐들어왔다면 어찌 되었을까.

항우가 오강(烏江)을 건너가 국력을 길러 다시 싸웠다면, 가능성이 아주 없는 것도 아니라는 말이다.

捲土重來

흙[土]먼지를 날리며[捲] 다시[重] 옴[來]

어떤 일에 실패한 뒤, 힘을 길러 다시 그 일을 시작함을 비유하는 말.

捲(권) : 말 권, 11획, 부수 扌　　　土(토) : 흙 토, 3획, 부수 土

重(중) : 무거울 중, 9획, 부수 里　　　來(래) : 올 래, 8획, 부수 人

捲자는 뜻을 나타내는 扌(재방 변)과 음을 나타내는 卷(책을 세는 단위 권)이 합하여 이루어졌으며, '말다'의 뜻을 가진다.

土자는 '흙'이나 '토양', '땅', '장소'라는 뜻을 가진 글자로, 갑골문을 보면 평지 위로 둥근 것이 올라온 모습이 그려져 있는데, 이것은 흙을 표현한 것이다.

重자는 '무겁다'나 '소중하다'라는 뜻을 가진 글자이다. 금문에 나온 重(무거울 중)을 보면 人(사람 인) 아래로 東(동녘 동)이 그려져 있는데, 이는 등에 짐을 지고 있음을 표현한 것이다.

來자는 '오다'나 '돌아오다', '앞으로'라는 뜻을 가진 글자로, 보리의 뿌리와 줄기를 그린 것이다. 옛사람들은 곡식은 하늘이 내려주는 것으로 생각하여 '오다'라는 뜻으로 쓰이게 되었다.

사회부연 死灰復燃 : 세력을 잃었던 사람이 다시 세력을 잡음.

칠전팔기 七顚八起 : 일곱 번 넘어지고 여덟 번 일어난다는 뜻

유종지미 有終之美 : 한번 시작한 일을 끝까지 잘하여 끝맺음이 좋음.

이렇게 표현해요

"그는 이번 대입 시험에서 낙방했지만,
낙심하지 않고 **권토중래**의 마음으로 다시 도전하기로 했다."

金蘭之交

견고한 금과
난초 같은 사귐

이 말은 『역경(易經)』의 「계사전(繫辭傳)」상(上)에 실린 공자의 말씀에서 유래했다.

"두 사람이 마음을 하나로 하면 그 날카로움이 쇠를 끊고
마음을 하나로 해 말하면 그 향기가 난초와 같다."

쇠처럼 굳고 난초처럼 향기로운 친구 사이의 사귐을 가리켜
금란지교라 했다. 이후 금란, 금란계, 금란지계 등의 형태로 여러 곳에서 인용되고 있다.

대표적으로 『세설신어(世說新語)』의 「현원편(賢媛篇)」에는 '산도와 혜강, 완적이 얼굴을 한번 대하고는 금란과 같은 사귐을 가졌다'고 되어 있다.

金蘭之交

견고한 금(金)과 난초(蘭)같은 사귐(交)

아무리 어려운 일이라도 서로 헤쳐나갈 만큼 우정이 깊은 사귐을 이르는 말.

金(금) : 쇠 금, 8획, 부수 金　　蘭(난) : 난초 난(란), 20획, 부수 艹
之(지) : 갈 지, 4획, 부수 丿　　交(교) : 사귈 교, 6획, 부수 亠

金자는 '금속'이나 '화폐'라는 뜻을 가진 글자이다. 예전에는 金자가 금(金)이나
은(銀)·동(銅)·석(錫)·철(鐵)과 같은 다섯 가지 금속을 통칭했었다.

蘭자는 艹(풀 초), 闌(가로막을 난)이 합하여 이루어진 모습이며, '난초'나 '목련'이
라는 뜻을 가진 글자이다.

之자는 '가다'나 '～의', '～에'와 같은 뜻으로 쓰이는 글자로, 사람의 발을 그린
것이다.

交자는 양다리를 꼬고 있는 사람을 표현한 것으로 '사귀다'나 '교제하다', '엇갈
리다'라는 뜻을 가진 글자이다.

관포지교 管鮑之交 : 친구 사이의 매우 다정하고 허물없는 교제
문경지교 刎頸之交 : 생사를 같이 할 수 있는 매우 소중한 벗.
지란지교 芝蘭之交 : 지초와 난초 같은 향기로운 사귐이라는 뜻.

이렇게 표현해요

"그 친구와는 늦은 나이에 알게 되었지만
금란지교를 이어가고 있다."

錦上添花

비단 위에
꽃을 더한다

왕안석(王安石)은 자가 개보(介甫)인데 강서군 임강군에서 태어났다. 주의 부지사를 지낸 부친의 영향으로 면학 분위기에 집안은 항상 들떠 있었다. 이러한 영향은 그가 23세 때 과거에 급제하게 만들었으며, 벼슬길에 나선 후에는 지방장관을 역임하였다.

당송팔대가로 문장이 뛰어났던 그는 가끔 한가한 여유를 틈타 한적한 곳을 찾아가 여흥을 즐겼는데, 그 당시에 지은 시가 바로 「즉사(即事)」다. 그 시에 이런 구절이 있다.

좋은 모임에서 술잔을 거듭 비우려는데
아름다운 노래는 비단 위에 꽃을 더한 듯하네
문득 무릉의 술과 안주를 즐기는 객이 되어
내 근원에 의당 붉은 노을이 적지 않으리

금상첨화(錦上添花)는 여기에서 유래하였다.

錦上添花

비단(錦) 위(上)에 꽃(花)을 더한다(添).
좋은 일에 또 좋은 일이 더하여짐을 이르는 말.

● 한자를 알면 문해력이 보여요

錦(금) : 비단 금, 16획, 부수 金　　　上(상) : 윗 상, 3획, 부수 一
添(첨) : 더할 첨, 11획, 부수 氵　　　花(화) : 꽃 화, 7획, 부수 艹

錦자는 金(쇠 금), 帛(비단 백)이 합하여 이루어진 모습이며, '비단'을 뜻하는 글자이다.

上자는 '위'나 '앞', '이전'이라는 뜻을 가진 글자로, 하늘을 뜻하기 위해 만든 지사문자(指事文字)이다.

添자는 水(물 수), 忝(더럽힐 첨)이 합하여 이루어진 모습이며, '더하다', '보태다', '덧붙이다'라는 뜻을 가진 글자이다.

花자는 艹(풀 초), 化(될 화)가 합하여 이루어진 모습이며, '꽃'이라는 뜻을 가진 글자이다. 풀이 변해서 무엇인가가 된다는 것은 곧, 꽃이 핌을 의미한다.

● 키워드로 배우는 사자성어 : #일 #거듭 #보탬

설상가상 雪上加霜 : 눈 위에 또 서리가 내린다는 뜻으로, 어려운 일이 겹침을
　　　　　　　　　 이름.
전호후랑 前虎後狼 : 앞문에서 호랑이를 막고 있으려니까 뒷문으로 이리가 들
　　　　　　　　　 어온다는 뜻.
절장보단 截長補短 : 긴 것을 잘라서 짧은 것에 보태어 부족함을 채운다는 뜻

이렇게 표현해요

"시험에 합격한 것도 기쁜데,
이렇게 좋은 취업 기회까지 생겼다니 **금상첨화**네요."

起死回生 죽은 사람이 일어나 다시 살아남

좌구명(左丘明)이 저술한 『국어(國語)』의 「오어(吳語)」편에는 다음과 같은 이야기가 실려 있다.

월왕 구천은 회계산 싸움에서 철천지 원수였던 오왕 부차에게 패하자 머리를 조아리며 사죄를 청했다.

부차가 그의 목숨을 살려주자 은혜에 감사한 구천이 말했다.

"신을 살려 주신 것은 죽은 사람에게 살을 붙여 다시 세우는 것과 같습니다. 그 깊은 은혜를 어찌 잊을 수 있겠습니까!"

오왕 부차는 월나라에 대하여 죽은 사람을 되살려 백골에 살을 붙인 것 같은 큰 은혜를 베풀었던 것이다.

또한 진나라 정치가 여불위(呂不韋)가 쓴 『여씨춘추(呂氏春秋)』의 「별류(別類)」편에는 다음과 같은 이야기가 실려 있다.

노나라에 공손작이라는 사람이 있었는데, 어느 날 여러 사람들 앞에서 "나는 죽은 사람을 다시 살아나게 할 수 있다." 하고 자랑을 했다.

사람들이 궁금해 그 까닭을 물어보니 "나는 본래 반신불수를 고칠 수 있다. 그러므로 반신불수를 고치는 약을 배로 늘려서 사용하면 죽은 사람도 살려낼 것 아닌가?"라고 했다.

이러한 이야기를 통해 '죽은 사람이 다시 살아난다'는 기사회생(起死回生)이라는 표현이 유래되었다.

이처럼 기사회생(起死回生)은 고대 중국의 역사와 전쟁 속에서 탄생한 단어로, 극적인 상황에서의 반전과 돌파를 상징한다. 이 단어는 어려운 상황에서도 희망을 잃지 않고 끈질긴 노력으로 성공을 거두는 모습을 대변한다.

起死回生

죽은(死) 사람이 일어나(起) 다시(回) 살아난다(生).
거의 죽을 뻔하다가 살아난다는 뜻.

● 한자를 알면 문해력이 보여요

起(기) : 일어날 기, 10획, 부수 走   死(사) : 죽을 사, 6획, 부수 歹
回(회) : 돌아올 회, 6획, 부수 口   生(생) : 날 생, 5획, 부수 生

起자는 走(달릴 주), 己(자기 기)가 합하여 이루어진 모습으로, '일어나다'나 '(일을) 시작하다'라는 뜻을 가진 글자이다.

死자는 '죽다'라는 뜻을 가진 글자이며, 歹(뼈 알), 匕(비수 비)가 합하여 이루어진 모습이다.

回자는 '돌다'나 '돌아오다'라는 뜻을 가진 글자이다. 回(돌아올 회)는 회오리치는 모습을 그린 상형문자이다.

生자는 갑골문을 보면 땅 위로 새싹이 돋아나는 모습을 본뜬 것으로, '나다'나 '낳다', '살다'라는 뜻을 가진 글자이다.

● 키워드로 배우는 사자성어 : #죽음 #회생

구사일생 九死一生 : 여러 차례 죽을 고비를 겪고 간신히 목숨을 건짐.
백사일생 百死一生 : 백 번 죽을 뻔하다가 한 번 살아난다는 뜻.
호구여생 虎口餘生 : 여러 차례 죽을 고비를 겪고 겨우 살아남은 목숨.

● 멋지게 쓰기

이렇게 표현해요

"그 회사는 자금난으로 부도 직전까지 갔으나,
직원들 노력 덕분에 **기사회생**하여 안정을 되찾았다."

기호지세
騎虎之勢

호랑이를 타고
달리는 형세

삼국지의 주역들이 하나둘 역사의 전면에서 사라지고 천하는 위(魏)나라의 수중으로 들어갔다. 다시 위나라는 진(晉)으로 이어졌으며 오랑캐의 침공으로 진의 옛 땅은 오호(五胡)에 의해 점령되었고 이들은 추후 130년 동안이나 한민족에 대항하였다. 나라가 생겨나고 망하기가 여름날 팥죽 끓듯 한 이때를 5호 16국 시대라 하였으며, 이후 세월이 흘러 북방에서는 선비가 후위를 세웠고, 다시 동위, 서위, 북주 등으로 이어졌는데 이를 역사상 남북조 시대라 한다.

남북조 시대 최후의 왕조인 북주의 선제(宣帝)가 죽고 난 후 외척인 양견(楊堅, 훗날 수문제)이 재상이 되었다. 그는 평소에 한인이 이민족에게 점령당하고 있는 것을 비통하게 생각하여 한인의 천하를 다시 만들 야망을 키우고 있었는데, 양견이 정권을 빼앗아 나라를 세우니, 이것이 곧 수(隋)나라다.

그가 북주의 왕권을 탈취하기 위해 동분서주하고 있을 때 후에 독고황후가 될 그의 부인이 사람을 보내 이렇게 말을 전했다.

"지금 당신은 호랑이에 올라타 있는 기세이기 때문에 호랑이 등에 탄 사람은 중도에서 내릴 수 없는 것입니다. 끝까지 밀고 나가 목적을 달성하도록 하십시오."

아내의 이 말에 양견은 크게 고무되었고 수나라를 세우는 데 성공하였다.

騎虎之勢

호랑이[虎]를 타고[騎] 달리는 형세[勢]
이미 시작한 일을 중도에서 그만둘 수 없음을 비유적으로 이르는 말.

● 한자를 알면 문해력이 보여요

騎(기) : 말 탈 기, 18획, 부수 馬   虎(호) : 범 호, 8획, 부수 虍
之(지) : 갈 지, 4획, 부수 丿   勢(세) : 기세 세, 13획, 부수 力

騎자는 馬(말 마), 奇(기이할 기)가 합으로 이루어진 모습이며, '말을 타다'나 '걸터앉다'라는 뜻을 가진 글자이다.

虎자는 '호랑이'나 '용맹스럽다'라는 뜻을 가진 글자이다. 호랑이는 예나 지금이나 용맹함을 상징한다.

之자는 '가다'나 '~의', '~에'와 같은 뜻으로 쓰이는 글자로, 사람의 발을 그린 것이다.

勢자는 埶(심을 예), 力(힘 력)이 합으로 이루어진 모습이며, '형세'나 '권세', '기세'라는 뜻을 가진 글자이다.

기수지세 騎獸之勢 : 도중에서 그만두거나 물러설 수 없는 형세를 이르는 말.

기호난하 騎虎難下 : 호랑이를 타고 달리다가 도중에서 내릴 수 없다는 뜻.

단기지계 斷機之戒) : 학문을 중도에서 그만두면 짜던 베의 날을 끊는 것처럼

아무 쓸모없음을 경계한 말.

● 멋지게 쓰기

이렇게 표현해요

"기호지세에 올라탄 회사의 경영진들은
사태를 무사히 넘기기 위해 밤낮으로 일했다."

難兄難弟

누가 형이고
동생인지 부르기 어려움

누가 더 낫고 더 못한지 가려내기 어려운 경우에 사용되는 말이다.

'양상군자(梁上君子, 들보 위의 군자라는 뜻으로 도둑을 가리키는 말)'로 유명한
후한(後漢)의 진식(陳寔)에게는 진기(陳紀)와 진심(陳諶)이라는 두 아들이
있었다.

어느 날 진식이 친구와 어디를 가기로 약속하고 기다렸으나 워낙 늦
어 먼저 출발했는데, 늦게 온 친구가 진식을 욕하자 아들 진기가 "손님
께서 아버지와 정오에 약속하시고 시간이 훨씬 지나 이제 오셨으니 누
가 신의를 저버린 것입니까? 그리고 자식 앞에서 그 아버지를 욕한다
는 것은 예의에 어긋난 일이 아닙니까?"라고 말했다.

친구는 어린 것에게 책망을 당하는 순간 자신의 잘못을 뉘우치고 사
과하려 했으나 진기는 대문 안으로 들어간 뒤였다.

한번은 진기의 아들과 진심의 아들 사이(사촌)에 서로 자기 아버지의
공적과 덕행에 대해 논쟁을 벌이다가 결말이 나지 않자 할아버지인 진
식에게 판정을 내려줄 것을 요구하게 되었다. 이때 진식은 "원방(진기)
도 형 되기가 어렵고 계방(진심)도 동생 되기가 어렵다."라고 말했다. 누
가 더 나은 지 알 수 없다는 대답이었다.

난형난제와 비슷한 말로는 호각지세(互角之勢)가 있다. 호각은 두 뿔(角)이 길이나 굵기에서 큰 차이가 없다는 뜻으로, 서로 비슷비슷한 위세를 말한다.

難兄難弟

누가 형[兄]이고 동생[弟]인지 부르기 어려움[難]
서로 비슷비슷하여 우열을 가리기 어려움을 비유적으로 이르는 말.

● **한자를 알면 문해력이 보여요**

難(난) : 어려울 난, 19획, 부수 隹   兄(형) : 맏 형, 5획, 부수 儿

難(난) : 어려울 난, 19획, 부수 隹   弟(제) : 아우 제, 7획, 부수 弓

難자는 堇(진흙 근), 隹(새 추)가 합으로 이루어진 모습이며, '어렵다'나 '꺼리다'라는 뜻을 가진 글자이다.

兄자는 儿(어진사람 인), 口(입 구)가 합으로 이루어진 모습이며, '형'이나 '맏이'라는 뜻을 가진 글자이다.

難자는 堇(진흙 근), 隹(새 추)가 합으로 이루어진 모습이며, '어렵다'나 '꺼리다'라는 뜻을 가진 글자이다.

弟자는 '아우'나 '나이 어린 사람'이라는 뜻을 가진 글자로, 나무토막에 줄을 순서대로 묶는다 하여 '차례'나 '순서'를 뜻했다. 이것이 형제간 순서라는 의미가되었고, 아우를 뜻하게 된 것이다.

난백난중 難伯難仲 : 누가 맏형이고 누가 둘째 형인지 분간하기 어렵다는 뜻.

막상막하 莫上莫下 : 어느 것이 위고 아래인지 분간할 수 없음.

백중지세 伯仲之勢 : 우열의 차이가 없이 엇비슷함을 이르는 말.

● 멋지게 쓰기

이렇게 표현해요

"저 두 팀은 해마다 결승전에서 만나는데,
실력이 서로 **난형난제**라서 누가 이길지 전혀 예측할 수가 없다."

남가일몽
南柯一夢
남쪽 나뭇가지 아래의
꿈

당나라 덕종 때 순우분(淳于棼)이란 협객이 살고 있었다. 그의 집 남쪽에 큰 느티나무가 있었는데 어느 날 그는 그 아래서 친구들과 술을 마시며 어울리다 나무 그늘 아래서 잠이 들었다. 그때 자줏빛 옷을 입은 두 사람이 나타나 "저희들은 괴안국(槐安國) 국왕의 사신인데, 당신을 모시고 오라는 명을 받들고 왔습니다."라고 말했다.

순우분은 그들을 따라가서 국왕의 사위가 되고 남가군(南柯郡)의 태수가 되어 20년 동안 남가군을 다스려 부귀영화를 누렸다.

어느 날 왕이 순우분에게 "자네가 고향을 떠나온 지 오래되었으니 한 번 다녀오는 것이 어떤가?"라고 물었다.

순우분은 대답했다. "저의 집은 여기인데 어디로 간단 말입니까?"

왕이 다시 말했다. "자네는 원래 속세의 사람으로 여기는 자네의 집이 아니라네. 그리고 3년 후에 다시 만나기로 하세."

그리하여 그는 왕의 사자를 따라 자신의 옛집으로 돌아오게 되었다. 그때 깜짝 놀라 눈을 떠 보니 그는 느티나무 아래서 지금까지 꿈을 꾸고 있었던 것이다. 꿈속에서 들어갔던 느티나무 구멍을 살펴보자 그 속에는 성 모양을 한 개미집이 있었는데, 이것이 대괴안국이었으며, 다시 구멍을 따라 남쪽으로 가니 또 하나의 개미집이 있었는데 이것이 남가군이었던 것이다.

　그는 남가일몽의 덧없음을 깨닫고 무술에만 전념하게 되었는데, 3년 후에 순우분은 세상을 떠났다. 바로 괴안국 왕과 약속한 3년 기한의 해였다.

南柯一夢

남쪽[南] 나뭇가지[柯]에서의 한바탕[一] 꿈[夢]
남쪽으로 뻗은 나뭇가지 아래의 꿈이라는 뜻으로, 덧없는 꿈이나 부귀영화를 이르는 말.

● 한자를 알면 문해력이 보여요

南(남) : 남녘 남, 9획, 부수 十　　　　柯(가) : 가지 가, 9획, 부수 木
一(일) : 한 일, 1획, 부수 一　　　　夢(몽) : 꿈 몽, 14획, 부수 夕

南자는 '남녘'이나 '남쪽'이라는 뜻을 가진 글자이다. 南(남녘 남)은 악기로 사용하던 종의 일종을 그린 것인데, 이 종이 남쪽에 걸려있던 것이기 때문에 '남쪽'을 뜻하게 되었다는 설이 있다.

柯자는 뜻을 나타내는 木(나무 목)과 음을 나타내는 可(옳을 가)가 합하여 이루어진 모습으로, '가지'를 뜻하는 글자이다.

一자는 '하나'나 '첫째', '오로지'라는 뜻을 가진 글자로, 막대기를 옆으로 눕혀놓은 모습을 그린 것이다.

夢자는 艹(풀 초), 目(눈 목), 冖(덮을 멱), 夕(저녁 석)이 합한 모습이며, '꿈'이나 '공상', '흐리멍텅하다'라는 뜻을 가진 글자이다.

나부지몽 羅浮之夢 : 덧없는 한바탕의 꿈을 이르는 말.

영고일취 榮枯一炊 : 인생이 꽃피고 시드는 것은 한번 밥 짓는 순간같이 덧없
고 부질없음을 이르는 말.

한단지몽 邯鄲之夢 : 인생의 부귀영화는 일장춘몽과 같이 허무함.

● 멋지게 쓰기

이렇게 표현해요

"그의 성공 이야기는 결국 **남가일몽**에 불과했다."

내우외환

内憂外患

안과 밖에서
일어나는 우환

춘추시대 진나라의 실권자인 낙서(樂書)는 진나라를 배신하고 초나라와 동맹을 맺은 정나라를 응징하기 위해 군사를 일으켰다. 그러나 초나라에서도 정나라를 돕기 위해 구원병을 보냈다. 이때 공격을 준비하던 낙서에게 부장인 범문자(范文子)가 말했다.

"동맹을 맺은 제후가 배신을 하면 이를 토벌하고, 공격을 당하면 구원해야 하는 것은 당연한 일이지만, 그러다가 자칫 잘못되면 나라가 위태로워질 수 있소, 성인이라면 능히 밖으로부터의 근심도 없고, 안으로의 걱정도 없게 할 수 있겠지만, 지금 우리의 실정은 밖으로부터의 재난이 없어도 내부에서 일어나는 근심을 걱정해야 하는 형편이오. 그러니 초나라와 정나라처럼 밖에서 오는 재난은 일단 내버려 두지 않겠는가."

'내우외환'은 나라 안의 근심과 나라 밖으로부터의 환난이라는 뜻으로, 인간은 항상 근심 속에 살고 있다는 말이다.

內憂外患

안[內]과 밖[外]에서 일어나는 우환[憂][患]

나라 안팎의 여러 어려운 일들과 근심거리를 일컫는 말.

● 한자를 알면 문해력이 보여요

內(내) : 안 내, 4획, 부수 入   憂(우) : 근심 우, 15획, 부수 心

外(외) : 바깥 외, 5획, 부수 夕   患(환) : 근심 환, 11획, 부수 心

內자는 冂(비어있을 경), 入(들 입)이 합하여 이루어진 모습이며, '안'이나 '속', '대
궐'이라는 뜻을 가진 글자이다.

憂자는 頁(머리 혈), 冖(덮을 멱), 心(마음 심), 夊(올 치)가 합하여 이루어진 모습이며,
'근심'이나 '걱정'이라는 뜻을 가진 글자이다.

外자는 夕(저녁 석), 卜(점 복)이 합하여 이루어진 모습이며, '바깥'이나 '겉', '표면'
을 뜻하는 글자이다.

患자는 串(꿸 관)자와 心(마음 심)이 합하여 이루어진 모습이며, '근심'이나 '걱정',
'질병'이라는 뜻을 가진 글자이다.

● 키워드로 배우는 사자성어 : #근심 #염려 #걱정

근우원려 近憂遠慮 : 가까운 곳에서는 근심하고 먼 곳에서는 염려함.

만수우환 萬愁憂患 : 온갖 시름과 근심 걱정.

우국지사 憂國之士 : 나랏일을 근심하고 염려하는 사람.

内 憂 外 患

이렇게 표현해요

"요즘 해외에서는 물건이 안 팔리고, 내부에서는 강성 노조의
파업으로 인해 생산에 차질을 빚고, 이렇게 '**내우외환**'이 겹치면
회사가 큰 타격을 입게 되지 않을까 걱정이 된다."

論功行賞

공을 논하여
상을 내림

삼국시대의 위(魏)나라, 촉(蜀)나라, 오(吳)나라 간의 전쟁에서 비롯된 고사성어이다. 위나라의 문제(文帝)는 어린 세자를 두고 죽었는데, 세자 조예(曹叡)는 변변치 못한 인물이었다. 그러므로 문제는 죽기 전에 맹장인 조진과 조휴, 또 유교에 밝은 진군, 백전노장 사마의에게 뒷일을 부탁하였다. 어린 세자가 명제(明帝)로 등극한 지 3개월도 채 안 되어, 오나라 군사와 촉나라 군사가 쳐들어왔으나, 위나라의 여러 장군들은, 어린 왕을 위하여 충성과, 열성으로 싸워서 오나라의 군대와 촉나라의 군대를 모두 물리쳐 버렸다.

그러므로 명제는 장수들의 공적을 조사하여 상을 주었는데 '그 공에 따라 행하였다(論功行賞)'고 기록되어 있다.

역사서를 살펴보면 나라를 세우거나 전쟁을 치르고 승리한 후에는 논공행상이 있었다. 그리고 이러한 논공행상에는 항상 소란스러운 잡음이 있었다.

論功行賞

공[功]을 논하여[論] 상[賞]을 내림[行]

공이 있고 없음이나 크고 작음을 따져 거기에 알맞은 상을 줌.

● 한자를 알면 문해력이 보여요

論(논) : 논할 논, 15획, 부수 言   功(공) : 공 공, 5획, 부수 力

行(행) : 다닐 행, 6획, 부수 行   賞(상) : 상줄 상, 15획, 부수 貝

論자는 言(말씀 언), 侖(생각할 륜)이 합하여 이루어진 모습이며, '논하다'나 '논의하다'라는 뜻을 가진 글자이다.

功자는 工(장인 공), 力(힘 력)이 합하여 이루어진 모습이며, '공로'나 '업적', '사업'이라는 뜻을 가진 글자이다.

行자는 '다니다'나 '가다', '돌다'라는 뜻을 가진 글자로, 네 방향으로 갈라진 사거리를 그린 것이다.

賞자는 尙(오히려 상), 貝(조개 패)가 합하여 이루어진 모습이며, '상을 주다'나 '증여하다'라는 뜻을 가진 글자이다.

● 키워드로 배우는 사자성어 : #평가 #상 #공

고례시상 考例施賞 : 전례를 참고하여 상을 줌

면목약여 面目躍如 : 세상의 평가나 지위에 걸맞게 활약하는 모양.

혁혁지공 赫赫之功 : 빛나고 왕성한 공이라는 뜻으로, 훌륭하고 뛰어난 공적이라는 의미.

이렇게 표현해요

"이번 프로젝트에서 우리 팀은 괄목할 만한 성과를 이루었다. 상금은
논공행상을 따져, 공정하게 분배될 예정이다."

누란지위

累卵之危

계란을 쌓아 올린 것 같은
위태로움

    전국시대 위나라 범수(范雎)는 중대부 수가(須賈)의 부하로 있을 때 제
(齊)나라에 간 적이 있었는데, 책사로서 유능한 실력을 발휘해 제나라
관리들로부터 사신인 수가보다도 더 우대를 받았다. 이를 시샘한 수가
는 범수가 귀국하자 범수가 제나라와 내통하고 있다고 모함을 했다. 범
수는 억울한 누명을 쓰고 옥에 갇히게 되어 죽을 처지에 있었다. 그러
나 진나라 사신 왕계의 도움을 받아 장록(張祿)으로 개명해 진나라로 망
명할 수 있었다. 그의 망명을 도운 왕계(王稽)는 진나라 왕에게 그를 이
렇게 추천했다.

    "위나라 장록은 천하에 뛰어난 지략가입니다. 그의 말에 따르면, 진
나라의 정세는 계란을 쌓아 놓은 것보다 위태롭다고 합니다. 그러나 진
나라가 자기를 받아들인다면 진나라는 평안을 유지할 수 있다고 합니
다. 불행하게도 이런 내용을 알릴 길이 없다기에 제가 모시고 왔습니
다."

    이렇게 하여 범수는 진왕에게 대외정책을 진언하는 등 크게 활약하
고 매우 영민한 정책을 두루 펼쳐 진나라를 튼실하고 평화롭게 만들었

다고 한다.

累卵之危

계란[卵]을 쌓아[累] 올린 것 같은 위태로움[危]
쌓아 올린 계란이란 뜻으로 조금만 건드려도 무너져 깨질 것 같은 위험한 상태를 말함.

● 한자를 알면 문해력이 보여요

累(누) : 여러 누(루), 11획, 부수 糸   卵(란) : 알 란(난), 7획, 부수 卩
之(지) : 갈 지, 4획, 부수 丿   危(위) : 위태할 위, 6획, 부수 卩

累자는 田(밭 전), 糸(가는 실 사)가 합하여 이루어진 모습이며, '묶다'나 '여러', '자주'라는 뜻을 가진 글자이다.

卵자는 '알'이나 '고환', '굵다'라는 뜻을 가진 글자이다. 卵(알 란)은 '알'을 그린 것이다.

之자는 '가다'나 '~의', '~에'와 같은 뜻으로 쓰이는 글자로, 사람의 발을 그린 것이다.

危자는 '재앙'을 뜻하는 厄자(재앙 액), 人(사람 인)이 합하여 이루어진 모습이며, '위태롭다'나 '불안하다'라는 뜻을 가진 글자이다.

간두지세 竿頭之勢 : 대막대기 끝에 선 형세라는 뜻으로, 매우 위태로운 형세를
　　　　　　　　　 이르는 말.
누란지세 累卵之勢 : 몹시 위험한 형세를 비유적으로 이르는 말.
견위치명 見危致命 : 나라가 위태로울 때 자기의 몸을 나라에 바침.

● 멋지게 쓰기

이렇게 표현해요

"정부의 부실한 정책으로 인해 경제는 **누란지위**에 놓여 있습니다."

斷機之敎

짜던 베의 날을
칼로 끊어 버림

맹자(孟子)는 아버지를 일찍 여의고 홀어머니 밑에서 가난하게 자랐으나 어머니의 지극한 교육열에 힘입어 학문을 배우고자 유학을 떠나게 되었다. 그러나 그는 공자의 손자 자사(子思)에게서 학문을 배우기 시작한 지 얼마 되지 않아 집으로 돌아왔다. 일찍 홀로 되어 가난한 살림에 쪼들리면서도 자식을 올바로 키우기 위해 이사를 세 번이나 했고, 어느 정도 커서 유학을 보냈는데 오래지 않아 중도에 집으로 돌아왔으니 맹자의 어머니는 어처구니가 없었다.

그래서 아들에게 조용히 물었다.

"공부는 다 마쳤느냐?"

맹자는 어머니께 대답했다.

"끝내다니요. 어머니가 뵙고 싶어 잠시 돌아왔습니다."

어머니는 아무 말 없이 옆에 있는 칼을 집어, 짜고 있던 베를 잘라 버렸다.

그러자 맹자는 깜짝 놀라며 "어떻게 된 일입니까, 어머니?"라고 소리쳤다.

어머니는 깜짝 놀란 맹자를 보며 말했다.

"네가 공부를 도중에 그만둔 것은 내가 짜던 베를 다 마치지 못하고 끊어버리는 것과 같다."

맹자는 눈앞의 광경과 어머니의 말씀에 크게 깨닫고 다시 돌아가 학
문에 전념하였으며 마침내 공자 다음 가는 성인이 될 수 있었다.

斷機之敎

짜던 베[機]의 날을 칼로 끊어[斷] 버림
짜던 베를 중간에 끊어버리면 소용이 없게 되듯, 학문을 중도에서 그만두면 아무 쓸모
가 없음을 이르는 말.

● 한자를 알면 문해력이 보여요

斷(단) : 끊을 단, 18획, 부수 斤   機(기) : 베틀 기, 16획, 부수 木
之(지) : 갈 지, 4획, 부수 丿   敎(교) : 가르칠 교, 11획, 부수 攵

斷자는 𢇍(이을 계), 斤(도끼 근)이 합하여 이루어진 모습이며, '끊다'나 '결단하다'
라는 뜻을 가진 글자이다.

機자는 木(나무 목), 幾(몇 기)가 합하여 이루어진 모습이며, '기계'나 '베틀', '기회'
라는 뜻을 가진 글자이다.

之자는 '가다'나 '~의', '~에'와 같은 뜻으로 쓰이는 글자로, 사람의 발을 그린
것이다.

敎자는 爻(사귈 효), 子(아들 자), 攵(칠 복)이 합하여 이루어진 모습으로 '가르치다'
라는 뜻을 가진 글자이다.

무용지물 無用之物 : 쓸모없는 물건이나 사람.

저력지재 樗櫟之材 : 참나무와 가죽나무 재목이라는 뜻으로, 아무 데도 쓸모없
는 사람.

기문지학 記問之學 : 남의 물음에 대답하기 위해 익혀 두는 참된 깨달음이 없
는 학문.

● 멋지게 쓰기

이렇게 표현해요

"지금까지 꿈을 위해 힘들게 공부를 해왔는데 지금 그만둔다면,
'단기지교'와 다를 바 없다."

대기만성

大器晚成 큰 그릇을 완성하는 데는
시간이 오래 걸림

삼국시대 위나라에 최염(崔琰)이라는 장수가 있었다. 그는 한눈에 대인의 기품이 있는 산동성 태생의 호걸이었다. 이 최염에게는 최림(崔林)이라는 사촌 동생이 있었다. 그는 젊었을 때에 외모도 빈약하고 출세가 늦어 주위로부터 업신여김을 받았다. 그때마다 최염은 동생의 됨됨이를 알고 도와주었다.

최염은 사촌 동생에게 "큰 종이나 그릇은 쉽게 만들어지는 게 아니다. 너 역시 큰 그릇이나 종처럼 오랜 시간이 걸려 만들어질 것이니 좌절하지 말고 열심히 노력하거라."라고 격려의 말을 전했다.

최염의 예측대로 최림은 훗날 괄목상대할 정도로 성공하여 삼공의 자리에 올라 황제를 보필하였다. 사람의 능력은 보통 그릇에 비유하게 된다. 그릇이 큰 사람은 많은 것을 가지고 있고 또 가질 수 있는 사람이고 그릇이 작은 사람은 그 반대인 것이다.

대기만성은 이러한 큰 그릇을 만드는 데 시간이 걸린다는 말로, 큰 사람이 되기 위해서는 많은 노력과 인고의 시간이 필요하다는 뜻이다.

大器晚成

큰[大] 그릇[器]을 완성[成]하는 데는 시간이 오래[晚] 걸림
크게 될 사람은 늦게 이루어짐을 이르는 말.

● 한자를 알면 문해력이 보여요

大(대) : 큰 대, 3획, 부수 大   器(기) : 그릇 기, 16획, 부수 口

晚(만) : 늦을 만, 11획, 부수 日   成(성) : 이룰 성, 7획, 부수 戈

大자는 '크다'나 '높다', '많다', '심하다'와 같은 다양한 뜻으로 쓰이는 글자로, 갑
골문을 보면 양팔을 크게 벌리고 있는 사람이 그려져 있다.

器자는 犬(개 견), 네 개의 口(입 구)가 합으로 이루어진 모습이며, '그릇'이나 '접
시', '도구'라는 뜻을 가진 글자이다.

晚자는 日(해 일), 免(면할 면)이 합으로 이루어진 모습으로, '늦다'나 '쇠하다', '(해
가)저물다'라는 뜻을 가진 글자이다. 해가 없음은 곧 날이 저물고 있음을 의미하
며, 그렇게 '늦다'라는 뜻을 갖게 되는 것이다.

成자는 戊(창 모)자와 丁(못 정)이 합으로 이루어진 모습이며, '이루다'나 '갖추어지
다', '완성되다'라는 뜻을 가진 글자이다.

● 키워드로 배우는 사자성어 : #노력 #이루어짐

적수성가 赤手成家 : 제 스스로의 힘으로 노력하여 가산(家産)을 이룸.
인정승천 人定勝天 : 사람이 노력하면 하늘이 정한 운명도 바꿀 수 있다는 뜻.
초부득삼 初不得三 : 꾸준히 노력하면 성공을 얻을 수 있다는 의미.

● 멋지게 쓰기

大 器 晩 成

이렇게 표현해요

"그 배우는 오랜 무명 시절을 보내고
나이 쉰이 넘어서야 세상의 주목을 받았으니 **대기만성**이다."

大同小異

크게는 같고
작게는 다르다

천지만물은 '크게는 같고 작게는 다르다'고 하는 것이 장자(莊子)의 시각이다.

『장자(莊子)』의 내편 중 「소요유(逍遙遊)」장에 의하면, 감각기관을 통해 들어온 정보를 바탕으로 사유하고 분석하여 얻은 앎은 진정한 앎이 아니라고 한다. 그것은 어디까지나 현상계의 사물에 대한 지각에 불과할 뿐이다. 장자는 마음의 분별적 지각 능력을 버려야만 크고 밝은 지혜를 얻을 수 있다고 하였다.

『장자(莊子)』의 내편 중 「제물론(齊物論)」장에 의하면, 우리는 모든 존재를 저것과 이것으로 구분하지만, 저쪽 편에서 보면 이것이 저것이 되고 저것이 이것이 된다. 다시 말해 이것과 저것은 상대적이라는 말이다.

공자 역시 『중용(中庸)』에서 말했다.

"세상에서는 크게 보면 같은데 그것을 작게 보면 다른 것을 알 수 있다. 이것을 대동소이(大同小異)라 한다."

大同小異

크게(大)는 같고(同) 작게(小)는 다르다(異)

거의 같고 조금 다름을 뜻하는 말.

● **한자를 알면 문해력이 보여요**

大(대) : 큰 대, 3획, 부수 大   同(동) : 한 가지 동, 6획, 부수 口

小(소) : 적을 소, 3획, 부수 小   異(이) : 다를 이, 11획, 부수 田

大자는 '크다'나 '높다', '많다', '심하다'와 같은 다양한 뜻으로 쓰이는 글자이다. 갑골문을 보면 양팔을 크게 벌리고 있는 사람이 그려져 있었다.

同자는 凡(무릇 범), 口(입 구)가 합해진 모습이며, '한 가지'나 '같다', '함께'라는 뜻을 가진 글자이다.

小자는 '작다'나 '어리다'라는 뜻을 가진 글자이다. 小(적을 소)는 작은 파편이 튀는 모습을 그린 것이기 때문에 '작다'라는 뜻을 갖게 되었다.

異자는 田(밭 전), 共(함께 공)이 합해진 모습이며, '다르다'나 '기이하다'라는 뜻을 가진 글자이다.

● **키워드로 배우는 사자성어 : #차이**

금석지감 今昔之感 : 지금과 옛날의 차이가 너무 심하여 생기는 느낌.

천양지판 天壤之判 : 하늘과 땅 사이와 같이 엄청난 차이.

호리천리 毫釐千里 : 처음에는 근소한 차이 같지만 나중에는 아주 큰 차이가 됨.

"그 두 개의 스마트폰은 디자인과 성능 면에서
대동소이하여 구매자들이 고민을 많이 했어요."

공자는 『논어(論語)』의 「양화(陽貨)」편에서 다음과 같이 말했다.

"길에서 어떤 말을 들었을 때에 그것을 자신의 마음속에 넣어 수양의 양식으로 삼아야 한다. 그것을 길에서 다 지껄여버리는 것은 결코 도움이 되지 않는다. 좋은 말은 마음에 잘 간직해 두었다가 자기 것으로 삼아야 덕을 쌓을 수 있다."

이는 훌륭한 가르침을 아무리 많이 듣고 배웠다 할지라도 온전히 자기 것으로 만들지 않으면 소용이 없다는 뜻이다.

또한 『순자(荀子)』의 「권학(勸學)」편에서는 다음과 같이 말한다.

"소인의 학문은 귀로 들으면 입으로 빠져나간다."

군자의 학문은 묻지도 않는 것에 대해 수다를 절대 떨지 않으며, 아무리 많은 지식을 갖춰도 인격이 우선되지 않으면 그 지식은 오히려 자신에게 해가 될 수도 있다는 말이다. 옛날 사람들은 배운 학문을 자기 것으로 만들려고 대단히 노력했다. 그러나 요즘 사람들은 입으로 중언

부언 지껄여버린다. 그것은 마치 허공에 삿대질하는 것처럼 불필요한 것이며, 그것이 어찌 학문이겠는가.

道聽塗說

길거리[道][塗]에서 들려오는[聽] 말들[說]
근거 없이 거리에 떠도는 뜬소문을 이르는 말.

● 한자를 알면 문해력이 보여요

道(도) : 길 도, 13획, 부수 辶　　　聽(청) : 들을 청, 22획, 부수 耳
塗(도) : 진흙 도, 13획, 부수 土　　　說(설) : 말씀 설, 14획, 부수 言

道자는 辶(쉬엄쉬엄 갈 착), 首(머리 수)가 합하여 이루어진 모습이며, '길'이나 '도리', '이치'라는 뜻을 가진 글자이다.

聽자는 耳(귀 이), 壬(천간 임), 悳(덕 덕)이 합하여 이루어진 모습이며, '듣다'나 '받아들인다'라는 뜻을 가진 글자이다.

塗자는 土(흙 토)자와 涂(칠할 도)가 합하여 이루어진 모습이며, '진흙'이나 '길', '칠하다'라는 뜻을 가진 글자이다.

說자는 言자와 兌(기쁠 태, 날카로울 예)가 합하여 이루어진 모습이며, '말씀'이나 '이야기하다'라는 뜻을 가진 글자이다.

가담항설 街談巷說 : 길거리나 세상 사람들 사이에 떠도는 이야기.

유언비어 流言蜚語 : 아무 근거 없이 널리 퍼진 소문.

부언유설 浮言流說 : 아무 근거 없이 널리 퍼진 소문.

● 멋지게 쓰기

이렇게 표현해요

"그 사람이 거액의 뇌물을 받았다는 말을 믿고 모든 사람은
그를 비난했다. 하지만 재판과정에서 그것은
단순한 **'도청도설'**이었음이 밝혀졌다."

도탄지고

塗炭之苦

진흙 구덩이에 빠지고
숯불에 타는 고통

하(夏)나라 걸왕(桀王)은 요염한 미녀 말희(妺喜)를 사랑하여 주지육림(酒池肉林)속에 살면서 포악한 정치를 펴다가 은(殷)나라를 세운 탕왕(湯王)에게 망한다. 그러나 탕왕은 무력혁명으로 왕위를 얻은 것을 부끄럽게 생각했다. 그때 왕을 모시고 있던 중훼(仲虺)는 이렇게 고한다.

"하(夏)나라가 덕이 어두워 백성들이 도탄에 빠졌는데 하늘이 왕에게 용기와 지혜를 주시어 만방에 올바름을 나타내게 하셨으니 여기에 그 떳떳함을 따르시고 하늘의 명을 받들어 따라야 하나이다."

또 남북조시대 전진(前秦)의 국왕 부견(符堅)이 후연(後燕)과 후진(後秦)의 침략으로 죽자, 부견의 아들 부비(符丕)가 황제가 되어 전진의 각지에 다음과 같은 격문을 보내 후진과 후연을 응징하자고 주장했다.

"선제는 도적에게 붙잡히고 수도 장안은 야만인들의 소굴이 되었다. 나라도 황폐하여 백성은 도탄에 빠져있다."

도탄지고는 위의 두 이야기에서 유래가 되었는데 진흙 수렁에 빠지고 숯불에 타는 듯한 고통이란 뜻으로 가혹한 정치에 시달리는 백성들의 어려움을 가리키는 말이다. 이는 정권교체를 시도하는 쪽에서 천명

사상을 내세워 정권을 무너뜨리려 할 때마다 자주 쓰던 말이다.

塗炭之苦

진흙[塗] 구덩이에 빠지고 숯불[炭]에 타는 고통[苦]
진흙 수렁에 빠지고 숯불에 타는 듯한 고통이란 뜻으로, 학정에 시달리는 백성들의 어려움을 가리키는 말.

● 한자를 알면 문해력이 보여요

塗(도) : 진흙 도, 13획, 부수 土   炭(탄) : 숯 탄, 9획, 부수 火
之(지) : 갈 지, 4획, 부수 丿   苦(고) : 쓸 고, 9획, 부수 ++

塗자는 土(흙 토), 涂(칠할 도)가 합하여 이루어진 모습이며, '진흙'이나 '길', '칠하다'라는 뜻을 가진 글자이다.

炭자는 山(뫼 산), 厂(기슭 엄), 火(불 화)가 합하여 이루어진 모습이며, '숯'이나 '목탄', '석탄'이라는 뜻을 가진 글자이다.

之자는 '가다'나 '~의', '~에'와 같은 뜻으로 쓰이는 글자로, 사람의 발을 그린 것이다.

苦자는 ++(풀 초), 古(옛 고)가 합하여 이루어진 모습이며, '쓰다'나 '괴롭다'라는 뜻을 가진 글자이다.

솔수식인 率獸食人 : 위정자가 폭정으로 백성을 고통스럽게 함을 이르는 말.

천고만난 千苦萬難 : 천 가지의 괴로움과 만 가지의 어려움이라는 뜻

목우즐풍 沐雨櫛風 : 비바람 무릅쓰고 어려운 고통을 겪는다는 의미.

● 멋지게 쓰기

이렇게 표현해요

"지금 정부는 경제 위기를 수습하여
국민이 **도탄지고**에 빠지지 않도록 해야 한다."

讀書亡羊 책을 읽다가 양을 잃어 버림

『장자(莊子)』의 「병무(騈拇)」편에는 다음과 같은 이야기가 실려있다.

남자 하인 장(臧)과 여자 하인 곡(穀) 두 사람이 한 집에 살면서 양을 돌보는 일을 하고 있었다. 그런데 어느 날 두 사람이 함께 양을 잃어버렸다.

장에게 그 이유를 물었다.

"너는 왜 양을 잃어버렸느냐?"

"저는 대나무쪽을 들고 글을 읽고 있었습니다. 그러다 보니 어느 순간에 양이 보이지가 않았습니다."

이번엔 여자 하인 곡에게 물었다.

"너는 어떻게 양을 잃어버렸느냐?"

"재미있는 주사위 놀이에 정신이 팔렸다가 나중에 양을 찾아보니 없었습니다."

두 사람이 하는 놀이는 달랐지만 양을 잃어버린 것은 같았다. 이것은 마음이 밖에 있어 도리를 잃어버린 것이라고 장자는 말한다. 그러므로 다른 일에 정신이 팔려 하던 일을 소홀히 하면 결과적으로 일을 망치게 된다. 학문을 중시하는 사고방식에서 본다면, 책을 읽다가 다른 일을 하지 못한 것은 대수롭지 않은 것이지만, 종들의 본분은 원래 양을 돌보는 것인데, 가당치 않게 독서를 하다가 양을 잃어버리고 말았다.

讀書亡羊

책[書]을 읽다[讀]가 양[羊]을 잃어[亡]버림
다른 일에 정신을 뺏겨 중요한 일이 소홀하게 되는 것.

● **한자를 알면 문해력이 보여요**

讀(독) : 읽을 독, 22획, 부수 言   書(서) : 글 서, 10획, 부수 日
亡(망) : 망할 망, 3획, 부수 亠   羊(양) : 양 양, 6획, 부수 羊

讀자는 言(말씀 언), 賣(팔 매)가 합하여 이루어진 모습이며, '읽다'나 '이해하다'라는 뜻을 가진 글자이다.

書자는 聿(붓 율), 日(가로 왈)이 합하여 이루어진 모습이며, '글'이나 '글씨', '글자'라는 뜻을 가진 글자이다.

亡자는 '망하다'나 '도망가다', '잃다'라는 뜻을 가진 글자로, 부러진 칼을 그린 것이다. 전쟁에서 패했다는 뜻으로, 이는 곧 모든 것을 잃음을 의미하는 것이다.

羊자는 '양'이나 '상서롭다'라는 뜻을 가진 글자이며, 양의 머리를 정면에서 바라본 모습을 그린 것으로 구부러진 뿔이 형상화되어 있다.

지어지선 止於至善 : 최선의 상태를 유지하는 것이 중요함을 이르는 말.

조득모실 朝得暮失 : 얻은 지 얼마 되지 않아 곧 잃어버림을 이르는 말.

소탐대실 小貪大失 : 작은 것을 탐하다가 큰 것을 잃음.

● 멋지게 쓰기

이렇게 표현해요

"직장에 출근하면 오직 직장의 일에만 신경을 써야 한다. 다른 일에 신경쓰다가 **독서망양**하게 되면, 나쁜 평판을 얻게 될 것이다."

동병상련

同病相憐

같은 병을 앓아
서로 불쌍히 여김

전국시대 오나라의 오자서(吳子胥)는 아버지와 형이 역적의 누명을 쓰고 죽음에 이르자 갖은 고생 끝에 초나라를 도망쳐 오나라로 망명한 인물이다. 오자서는 오나라의 공자 광(光)이 왕이 되려는 야심을 가지고 있음을 알고 그에게 자객 전저(專諸)를 소개해 주었다. 광은 전저를 시켜 오왕 요(僚)를 죽이고 왕위에 올랐는데, 그가 바로 춘추오패의 한 사람인 합려(闔廬)이다.

합려는 오자서를 대부로 임명하고 더불어 국사를 논했다. 마침 그때 비무기(費無忌)의 모함으로 초나라의 대신 백주리(伯州犁) 부자가 주살을 당하자 손자인 백비(伯嚭)가 오나라로 망명해 왔다. 오자서는 합려에게 그를 추천했고, 합려는 백비를 대부에 임명했다. 합려는 백비를 환영하는 연회를 베풀었는데, 백비를 탐탁하지 않게 생각하던 대부 피리(被離)가 오자서에게 말했다.

"백비의 눈길은 매와 같고 걸음걸이는 호랑이와 같으니, 눈 하나 깜짝하지 않고 살인을 저지를 성품입니다. 친하게 지내서는 안 됩니다."

오자서가 대답했다.

"그것은 그와 내가 같은 원한을 지니고 있기 때문입니다. '같은 병을 앓으니 서로 불쌍히 여기고, 같은 걱정이 있으니 서로 구해 주네.'라는 말이 있듯이 나와 처지가 비슷한 백비를 돕는 것은 인지상정 아니겠소?"

이처럼 오자서는 백비를 도와주었지만, 훗날 백비는 월나라에 매수 당해 오나라 멸망의 결정적인 원인을 제공했으며, 오자서는 백비의 모함에 빠져 억울하게 죽고 말았다.

同病相憐

같은[同] 병[病]을 앓아 서로[相] 불쌍히[憐] 여김
어려운 처지에 있는 사람끼리 서로 동정하고 도움을 이르는 말.

● 한자를 알면 문해력이 보여요

同(동) : 한 가지 동, 6획, 부수 口　　病(병) : 병 병, 10획, 부수 疒
相(상) : 서로 상, 9획, 부수 目　　憐(련) : 불쌍히 여길 련, 15획, 부수 忄

同자는 凡(무릇 범), 口(입 구)가 합하여 이루어진 모습이며, '한 가지'나 '같다', '함께'라는 뜻을 가진 글자이다.

病자는 疒(병들 녁), 丙(남녁 병)이 합하여 이루어진 모습이며, '질병'이나 '근심', '앓다'라는 뜻을 가진 글자이다.

相자는 木(나무 목), 目(눈 목)이 합하여 이루어진 모습이며, '서로'나 '모양', '가리다'라는 뜻을 가진 글자이다.

憐자는 心(마음 심), 粦(도깨비불 린)이 합하여 이루어진 모습이며, '불쌍히 여기다'나 '가엾게 여기다'라는 뜻을 가진 글자이다.

동기상구 同氣相求 : 기풍과 뜻을 같이하는 사람은 서로 동류를 찾아서 모임.

동성상응 同聲相應 : 의견을 같이하면 자연히 서로 통하여 친해짐.

유유상종 類類相從 : 비슷한 부류의 인간 모임을 비유한 말

● 멋지게 쓰기

이렇게 표현해요

"나도 이번 시험을 못 봤는데 너도 마찬가지라니,
우린 **동병상련**이구나."

登泰小天

태산에 오르면
천하가 작게 보인다

'등태소천(登泰小天)'은 『맹자(孟子)』의 「진심(盡心)」 편에 나오는 구절(登泰山而小天下)이다. 직역하면 '태산에 오르니 천하가 작게 보인다'이다. 이 구절은 공자의 가르침을 직접 받지못한 것을 안타까워 한 맹자의 염원이 담겨 있다. 높은 산에 오르면 세상을 조감할 수 있듯이 직접 공자로부터 가르침을 받았다면 그의 학문과 사상을 보다 잘 이해할 수 있었을 것이라고 맹자는 입버릇처럼 말했다고 한다. 그래서 등태소천은 본래 인격과 학문을 닦는 태도를 가리켰다. 그러다가 의미가 확대되어 '큰 도리를 익힌 사람은 작은 일에 얽매이지 않음'을 뜻하게 되었다.

登泰小天

태산(泰)에 오르면(登) 천하(天)게 작게(小) 보인다.
큰 도리를 익힌 사람은 작은 일에 얽매이지 않는다는 뜻.

登(등) : 오를 등, 12획, 부수 癶   泰(태) : 클 태, 10획, 부수 氺
小(소) : 작을 소, 3획, 부수 小   天(천) : 하늘 천, 4획, 부수 大

登자는 癶(등질 발), 豆(콩 두)가 합하여 이루어진 모습이며, '오르다'나 '나가다'라는 뜻을 가진 글자이다.

泰자는 水(물 수), 大(큰 대), 廾(받들 공)이 합하여 이루어진 모습이며, '크다', '심하다'라는 뜻을 가진 글자이다.

小자는 '작다'나 '어리다'라는 뜻을 가진 글자로, 작은 파편이 튀는 모습을 그린 것이기 때문에 '작다'라는 뜻을 갖게 되었다.

天자는 大(큰 대), 一(한 일)이 합하여 이루어진 모습이며, '하늘'이나 '하느님', '천자'라는 뜻을 가진 글자이다.

● 키워드로 배우는 사자성어 : #얽매임 #초월

자유분방 自由奔放 : 격식이나 관습에 얽매이지 아니하고 행동이 자유로움.
대인대이 大人大耳 : 도량이 넓어서 자질구레한 일에 얽매이지 않음을 이르는
　　　　　　　　　　말.
불계지주 不繫之舟 : 매어 놓지 않는 배라는 뜻으로, 속세를 초월한 무념무상의
　　　　　　　　　　경지.

이렇게 표현해요

"보다 크고 멀리 있는 목표에 집중하는 사람은
매사에 '**등태소천**'할 수 있다."

만사휴의

萬事休矣

모든 일이
끝장이다

당나라가 황소의 난으로 멸망한 후 송(宋)나라가 건국될 때까지 50여 년간(907~960) 황하유역에는 후량(後梁), 후당(後唐), 후진(後晉), 후한(後漢), 후주(後周) 등 5국이, 화남지역에는 오(吳), 형남(荊南), 전촉(前蜀), 초(楚), 오월(吳越), 민(閩), 후촉(後蜀), 북한(北漢), 남한(南漢), 남당(南唐) 등 10국이 난립하여 각축을 벌이고 있었다(5代10國 시대). 그중에 형남은 절도사 고계흥(高季興)이 세운 나라이다. 고계흥의 아들 2대왕 종회에게는 열 명의 아들이 있었는데, 그의 막내아들 보욱은 형(3대왕 보융)의 뒤를 이어 보위(4대왕)에 오른다.

그런데 어려서부터 병약했던 보욱은 종회로부터 도가 지나칠 정도로 맹목적인 사랑을 받으며 자랐고, 당연히 성품도 안하무인격이었다. 보욱은 다른 사람이 자기를 꾸짖으며 노려보아도 그저 귀엽게 여기는 줄만 알았다. 이 소식을 전해들은 형남 사람들은 '이제 모든 것이 끝났구나.'라고 말하며 탄식했다고 한다.

결국, 보욱이 왕위에 오르자 그의 사치와 음탕으로 정치는 문란해지고 국력은 쇠퇴해져 형남 사람들의 말처럼 멸망하고 말았다.

이렇듯 만사휴의는 도무지 대책을 세울 방법이 없을 정도로 일이 틀어졌을 때 체념하듯 내뱉는 말로 쓰였다.

萬事休矣

모든[萬] 일[事]이 끝장[休]이다[矣].
모든 일이 절망 상태에 있음을 이르는 말이다.

🔵 한자를 알면 문해력이 보여요

萬(만) : 일만 만, 13획, 부수 艹   事(사) : 일 사, 8획, 부수 亅
休(휴) : 쉴 휴, 6획, 부수 亻   矣(의) : 어조사 의, 7획, 부수 矢

萬자는 艹(풀 초), 禺(긴꼬리원숭이 우)가 합하여 이루어진 모습이며, '일만(一萬)'이
라는 뜻을 가진 글자이다.

事자는 '일'이나 '직업', '사업'이라는 뜻을 가진 글자이다. 갑골문이 등장했던 시
기 事(일 사)는 신에게 제사를 주관했던 정부 관료인 '사관'을 뜻했으며, 후에 글
자가 분화되면서 '일'이나 '직업'이라는 뜻을 갖게 되었다.

休자는 人(사람 인), 木(나무 목)이 합하여 이루어진 모습이며, '쉬다'나 '멈추다'라
는 뜻을 가진 글자이다. 나무 그늘 밑에서 쉬고 있는 사람을 연상할 수 있다.

矣자는 厶(사사 사), 矢(화살 시)가 합하여 이루어진 모습이며, '~였다'나, '~리라',
'~여라'와 같은 어조사로 쓰이는 글자이다.

노이무공 勞而無功 : 애를 썼으나 공이 없음.
옹산화병 甕算畵餠 : 독장수의 셈과 그림의 떡이라는 뜻으로 헛수고로 고생만
　　　　　　　　하거나 실속이 없음.
자포자기 自暴自棄 : 절망에 빠져 자신을 스스로 포기하고 돌아보지 아니함.

● 멋지게 쓰기

이렇게 표현해요

"많은 사람은 사업을 하거나 투자를 하다가 돈을 잃으면
'만사휴의'라 생각하고 절망에 빠지고 만다."

맹모삼천
孟母三遷

맹자의 어머니가
세 번 이사 하다

맹자(孟子)는 일찍 부친을 여의고 어머니 슬하에서 자라났다.

그의 어머니는 아주 평범한 여인이었으나, 맹자를 위해 세 번이나 이사할 만큼 자녀의 교육문제에 대해서는 아주 철저한 사람이었다.

처음에는 묘지 근처에서 살았다. 언제나 그랬던 것처럼 동네 아이들과 상여를 메고 다니며 놀이했다. 곡(哭)을 하며 노는 아이를 보다 못해 맹모는 시장 근처로 이사했다. 그러자 맹자는 장사하는 이들의 흉내를 내며 놀았다. 그곳 역시 좋은 장소가 아니라는 생각에 이번에는 서당 곁으로 옮겼다. 눈만 뜨면 글 읽는 소리가 낭랑히 들려오는 곳. 맹자는 비로소 서당 아이처럼 단정히 앉아 글을 읽었다. 그제야 맹모는 안도의 숨을 몰아쉬었다. 자식을 바르게 키울 수 있는 장소를 찾아낸 것으로 본 것이다. 맹자는 서당 근처에서 책을 펼치고 공부하는 놀이를 함으로써 훗날 아성(亞聖)이라 불리는 현철이 된 것이다.

孟母三遷

맹자(孟) 어머니(母)가 세 번(三) 이사(遷) 하다.

맹자의 어머니가 맹자를 제대로 교육하기 위하여 집을 세 번이나 옮겼다는 뜻.

● 한자를 알면 문해력이 보여요

孟(맹) : 맏 맹, 8획, 부수 子   母(모) : 어머니 모, 5획, 부수 母

三(삼) : 석 삼, 3획, 부수 一   遷(천) : 옮길 천, 15획, 부수 辶

孟자는 子(아들 자), 皿(그릇 명)이 합하여 이루어진 모습이며, '처음'이나 '맏이', '우두머리'라는 뜻을 가진 글자이다.

母자는 '어미'나 '어머니'를 뜻하는 글자이다. 갑골문에서는 母(어미 모)와 女(계집 여)가 매우 비슷한 모습으로 그려져 있었다. 母(어미 모)가 여성의 유방을 형상화한 것이라는 설도 있다.

三자는 '셋'이나 '세 번', '거듭'이라는 뜻을 가진 글자로, 나무막대기 세 개를 늘어놓은 모습을 그린 것이다.

遷자는 辶(쉬엄쉬엄 갈 착), 䙴(옮길 천)이 합하여 이루어진 모습이며, '옮기다'나 '떠나가다'라는 뜻을 가진 글자이다.

● 키워드로 배우는 사자성어 : #가르침 #교육

삼천지교 三遷之敎 : 맹자의 어머니가 아들의 교육을 위하여 세 번 거처를 옮겼다.

자학자습 自學自習 : 남의 가르침을 받지 아니하고 스스로 배우고 익힘.

역자교지 易子敎之 : 나의 자식과 남의 자식을 바꾸어 교육한다는 뜻.

이렇게 표현해요

"선생님께서는 학생들에게 **'맹모삼천'**의 이야기를 들려주며
좋은 학습 환경의 중요성을 강조했다."

명모호치

明眸皓齒

밝은 눈동자와
흰 이

   현종은 재위 말년에 정치에 싫증을 내고 미녀 양귀비에 빠져 사치와 환란만을 쫓다가 안녹산이 난을 일으키는 소동에 휩쓸린다. 이때 두보(杜甫)는 45살의 하급 관리였다. 장안이 소란스러워지자 동쪽에 위치한 곡강(曲江)을 찾아갔다. 한때 이곳은 현종과 양귀비가 자연을 벗삼아 즐기던 곳이었다. 두보는 그것을 슬퍼하며 시를 읊었다.

   …장안성 남쪽의 소릉에 사는 나는 난(亂)을 만나 황폐해진 도성의 지난날을 생각하니 슬픔으로 통곡이 복받치는 것을 삼키며 울었다. 도성을 구비구비 돌아 흐르는 곡강 언저리를 방황하면서……. 그 강 궁전에 지금은 황제가 안 계시니 많은 문이 잠겨 있는데, 버들과 잎이 돋아난 창포는 누구를 위해 저토록 아름다울까. 그 옛날 무지갯빛 천자기를 날리며 황제가 나아올 때는 동산의 모든 초목이 생기가 돌아 아름다웠던 일이 회상된다. 그 옛날 한나라 소양전 중에 가장 으뜸가는 조비연(趙飛燕)에게 비견됐던 양귀비는 천자를 모시고 있었다. 그 수레를 모시며 나아가는 재인(才人)과 여관은 허리에 활을 메었고 타고 가는 백마의 입에 황금재갈을 물렸었다. 그런데 지금 고운 눈과 흰 이(明眸皓齒)의 양귀비는 어디로 갔는가…….

明眸皓齒

밝은(明) 눈동자(眸)와 흰(皓) 이(齒)

맑은 눈동자와 흰 이라는 뜻으로, 미인을 형용해 이르는 말.

明(명) : 밝을 명, 8획, 부수 日   眸(모) : 눈동자 모, 11획, 부수 目

皓(호) : 흴 호, 12획, 부수 白   齒(치) : 이 치, 15획, 부수 齒

明자는 日(날 일), 月(달 월)이 합하여 이루어진 모습이며, '밝다'나 '나타나다', '명료하다'라는 뜻을 가진 글자이다.

眸자는 目(눈 목), 牟(소 우는 소리 모)가 합하여 이루어진 모습으로, '눈동자', '눈'을 뜻하는 글자이다.

皓자는 白(흰 백), 告(알릴 고)가 합하여 이루어진 모습으로, '희다', '밝다'라는 뜻을 가진 글자이다.

齒자는 '이빨'이나 '어금니'라는 뜻을 가진 글자로, 갑골문을 보면 크게 벌린 입과 이빨이 그려져 있었다.

절세미인 絕世美人 : 당대에 견줄 만한 상대가 없는 뛰어난 미인.

경국지색 傾國之色 : 임금이 혹하여 나라가 기울어져도 모를 정도의 미인이라는 뜻.

폐월수화 閉月羞花 : 달이 숨고 꽃이 부끄러워한다는 뜻으로 절세미인을 비유해 이르는 말.

明	眸	皓	齒

이렇게 표현해요

"**명모호치**는 예나 지금이나 여전히 미인의 조건이다."

明鏡止水

맑은 거울과
고요한 물

노나라에 올자(兀者)라는 형벌로 발뒤꿈치가 잘린 왕태(王駘)라는 사람이 있었는데 학식과 덕행으로 워낙 평판이 좋아서 그의 주위에는 많은 제자들이 모여들었다. 이것을 본 공자의 제자 상계(常季)가 특출한 면도 없는 왕태에게 사람이 많이 모여드는 이유를 물었다.

그러자 공자는 이렇게 답했다.

"사람은 흐르는 물로 거울을 삼는 일이 없다. 그쳐 있는 물로 얼굴을 비춰볼 수 있다. 왕태의 마음은 그쳐있는 물처럼 조용하기 때문에 사람들은 그를 거울삼아 모여들고 있는 것이다. 그에게서 마음의 평안을 얻기 때문이다."

또한 『장자(莊子)』의 「제왕편(應帝王篇)」에는 다음과 같은 말이 있다.

"덕이 높은 사람의 마음가짐은 환한 거울에 비유할 수 있는 것이다. 명경(거울)은 사물이 오고 감에 내맡긴 채 자신의 뜻을 나타내지 않는다. 미인이 오면 미인을 비추고 추한 여인이 오면 추한 여인을 비추기 마련이다. 그러므로 얼마든지 물건을 비추어도 본래의 맑음을 상하게 하지 않는다."

명경지수란 본래 무위(無爲)의 경지를 가리키는 철학적 개념이었으나 훗날 그 뜻이 변하여 맑고 깨끗한 마음을 뜻하는 말이 되었다.

明鏡止水

맑은[明] 거울[鏡]과 고요한[止] 물[水]
맑은 거울과 고요한 물처럼 잡념과 허욕이 없는 깨끗한 마음을 비유적으로 이르는 말.

● **한자를 알면 문해력이 보여요**

明(명) : 밝을 명, 8획, 부수 日　　　鏡(경) : 거울 경, 19획, 부수 金
止(지) : 그칠 지, 4획, 부수 止　　　水(수) : 물 수, 4획, 부수 水

明자는 日(날 일), 月(달 월)이 합하여 이루어진 모습이며, '밝다'나 '나타나다', '명료하다'라는 뜻을 가진 글자이다.

鏡자는 金(쇠 금), 竟(다할 경)이 합하여 이루어진 모습이며, '거울'이나 '비추다', '거울로 삼다'라는 뜻으로 쓰이는 글자이다.

止자는 '그치다'나 '멈추다'라는 뜻을 가진 글자이다. 사람의 한쪽 발이나 발자국 모양을 본뜬 모습으로 시간의 변화와 관련된 의미로 사용된다.

水자는 '물'이나 '강물', '액체'라는 뜻을 가진 글자이다. 글자 모양 가운데의 물줄기와 양쪽의 흘러가는 모습을 본뜬 글자로 물과 관련된 상태나 동작과 관련된 의미로 사용한다.

운심월성 雲心月性 : 구름 같은 마음과 달 같은 성품이라는 뜻.

평이담백 平易淡白 : 깨끗하며 욕심이 없는 마음.

정금양옥 精金良玉 : 정교하게 다듬은 금과 아름다운 옥이라는 뜻으로, 인품이
나 시문이 맑고 아름다움을 이르는 말.

● 멋지게 쓰기

이렇게 표현해요

"마음이 **명경지수**와 같아야 비로소
참된 행복과 삶의 지혜를 얻을 수가 있다."

목인석심

木人石心

나무 같은 사람
돌 같은 마음

하통(夏統)이라는 웅변가가 있었다. 그의 말은 논리 정연하여 사람들을 설득시키거나 마음을 잡아끄는 매력이 있었다. 그러나 일찍부터 벼슬자리에는 결코 나아가지 않겠다고 다짐하였다. 당시 낙양에 가충(賈充)이라는 자가 있었다. 가충은 본래 위나라 조조(曹操)의 부하로 중신이었으나 진나라를 건국할 때 적극 협력하여 그 공으로 막강한 권세를 잡고 부귀영화를 누리던 인물이었다.

가충은 교활하기 이를 데 없었으며 사람 다루는 데에 능숙했다. 이러한 가충이 소란해진 민심을 수습하고자 하통을 불러 설득했다. 그러나 하통은 상대의 말을 듣는 둥 마는 둥 했다.

어느 날은 군대를 사열시켜 하통을 맞이하게 한 후에 넌지시 말했다.

"그대가 내 말을 듣기만 하면 이 병사들에게 당신의 지휘를 받도록 하겠소."

한편으로는 어여쁜 미인들을 뽑아 춤을 추고 노래를 부르게 하였다. 그런데도 하통은 여전히 관심 없는 표정이었다.

가충이 외쳤다.

"이 사람은 정말 괴이해. 나무로 몸을 만들고 마음은 돌로 됐어!"

이 말은 융통성이 없다는 의미로 사용되었다.

木人石心

나무(木) 같은 사람(人) 돌(石) 같은 마음(心)

의지가 굳어 마음이 흔들리지 않는 사람.

● **한자를 알면 문해력이 보여요**

木(목) : 나무 목, 4획, 부수 木   人(인) : 사람 인, 2획, 부수 人

石(석) : 돌 석, 5획, 부수 石   心(심) : 마음 심, 4획, 부수 心

木자는 나무의 뿌리와 가지가 함께 표현된 상형문자이다. 땅에 뿌리를 박고 가지를 뻗어 나가는 나무를 표현한 글자라 할 수 있다.

人자는 '사람'이나 '인간'이라는 뜻을 가진 글자로, 한자에서 가장 많이 쓰이는 글자이기도 하다.

石자는 '돌'이나 '용량 단위'로 쓰이는 글자로, 갑골문을 보면 벼랑 끝에 매달려 있는 돌덩이가 그려져 있었다.

心자는 '마음'이나 '생각', '심장', '중앙'이라는 뜻을 가진 글자이며, 사람이나 동물의 심장을 그린 것이다.

● **키워드로 배우는 사자성어 : #흔들림 #감정 #의지**

자력갱생 自力更生 : 남에게 의지하지 아니하고 자신의 힘만으로 어려운 처지
　　　　　　　　　 에서 벗어나 새로운 삶을 살아감.

목석간장 木石肝腸 : 나무나 돌처럼 아무런 감정도 없는 마음.

안심결정 安心決定 : 확실한 안심을 얻어서 마음이 흔들리지 아니하는 경지를
　　　　　　　　　 정하는 일.

"이렇게 아름다운 여성을 보고도 꿈쩍도 하지 않다니,
너는 정말 **목인석심**이구나."

刎頸之交

목이 잘려도
여한이 없을 만한 사귐

　전국시대의 강국인 진나라의 소양왕(昭襄王)은 조나라 혜문왕(惠文王)이 가지고 있던 화씨지벽(和氏之璧)이라는 천하의 명옥을 탐냈다. 그래서 그는 진나라의 성 15개를 주겠으니 바꾸자고 말하고 보물을 손에 넣더니 차일피일 미루며 성을 주지 않았다. 그때 조나라 인상여(藺相如)는 꾀를 내어 구슬의 흠이 있음을 가르쳐 주겠다는 핑계로 진나라로 가서 구슬을 찾아왔다. 그 후에도 인상여는 진나라와 조나라의 회동에서도 큰 공을 세워 혜문왕의 신하 중 명장인 염파(廉頗)보다 더 높은 관직인 상경(上卿)에 임명되었다. 염파는 이에 분개하였고 인상여를 만나게 되면 모욕을 주려고 했다.

　인상여는 염파의 눈치를 보며 그를 만나지 않고 조정에 나갈 때도 염파와 부딪치는 것을 가능한 피해 다녔다고 한다. 자기의 주인이 이렇게 못난 짓을 하는 것에 수치심을 느낀 부하들이 떠나려 하자 인상여는 말했다.

　"진나라 소양왕은 염파보다 무서운 상대다. 그런 진왕마저 질책한 내가 염파가 두려워 피하겠느냐? 진나라가 우리를 두려워하는 것은 나와 염파가 있기 때문인데 우리 둘이 만나 싸운다면 안 될 일이다."

　이 말을 전해들은 염파는 자기의 행동을 크게 부끄러워하며 인상여의 집을 찾아가 화해했고 두 사람은 목을 베어도 변치 않는 돈독한 우정인 '문경지교'를 맹세했다.

刎頸之交

목[頸]이 잘려도[刎] 여한이 없을 만한 사귐[交]
벗을 위해서라면 대신 목이 잘려도 여한이 없을 만큼 친밀한 사이를 이르는 말.

● **한자를 알면 문해력이 보여요**

刎(문) : 목 벨 문, 6획, 부수 刂　　頸(경) : 목 경, 16획, 부수 頁
之(지) : 갈 지, 4획, 부수 丿　　交(교) : 사귈 교, 6획, 부수 亠

刎자는 刂(선칼도 방), 勿(말 물)이 합하여 이루어진 모습으로, '목을 베다', '스스로 목을 자르다'라는 뜻을 가진 글자이다.

頸자는 頁(머리 혈), 巠(물줄기 경)이 합하여 이루어진 모습으로, '목', '목덜미의 앞부분'을 뜻하는 글자이다.

之자는 '가다'나 '~의', '~에'와 같은 뜻으로 쓰이는 글자로, 사람의 발을 그린 것이다.

交자는 갑골문을 보면 양다리를 꼬고 앉은 사람이 그려져 있으며, '사귀다'나 '교제하다', '엇갈리다'라는 뜻을 가진 글자이다.

관포지교 管鮑之交 : 친구 사이의 매우 다정하고 허물없는 교제.

금란지의 金蘭之誼 : 사이좋은 벗끼리 마음을 합치면 단단한 쇠도 자를 수 있고,
우정의 아름다움은 난의 향기와 같다는 뜻.

문경지우 刎頸之友 : 생사를 같이하여 목이 떨어져도 두려워하지 않을 만큼 친
한 사귐.

● 멋지게 쓰기

이렇게 표현해요

"철민이와 형석이는 학창 시절부터 **문경지교**로
알려진 가장 친한 친구였다."

반구제기
反求諸己　돌이쳐 모든 원인을 자기에게서 찾음

　　오래전에 중국에는 하(夏)나라가 있었다. 이때의 국왕은 치수사업(홍수나 가뭄의 피해를 막기 위해 수리 시설을 세움)에 큰 공을 세운 우(禹) 임금이다. 어느 날 제후 유호(有扈)가 배신하여 대거 병사를 이끌고 침범하자 우 임금은 자신의 아들 백계(伯啓)로 하여금 막게 하였다. 그러나 이 싸움은 어이가 없게도 백계의 대패로 막을 내렸다. 이에 백계의 부하들은 "승복할 수 없습니다. 다시 한 번 싸워 승리하겠습니다."라며 다시 한 번 싸울 것을 강력히 주장하였으나 백계는 고개를 저으며 말했다.

　　"다시 싸울 필요는 없다. 나의 근거지는 그의 것에 비하여 작지 않고 병사의 수도 부족하지 않는데 우리가 패했다. 이것은 결코 우연이 아니다. 아무래도 내 덕행이 부족하여 부하들을 가르치는 것에 소홀함이 있었을 것이다. 나 자신으로부터 원인을 찾아야겠다." 백계는 이때부터 뜻을 세워 남의 것을 탐하지 않았으며 백성을 사랑하고 덕을 품은 사람을 존중하였다. 이렇게 1년의 시간이 지나자 이 같은 사실을 알게 된 유호는 더는 침범할 마음을 갖지 못했다. 이 고사 이후 사람들은 어떤 문제가 발생할 경우 남을 탓하기에 앞서 자신의 결점부터 찾아 고치려고 노력하는 것을 가리켜 '반구제기(反求諸己)'라 말하게 됐다고 한다.

맹자(孟子)는 이런 글을 남기기도 했다.

"내가 남을 사랑하는데도 그가 나를 친애하지 않으면 나의 사랑에 부족함이 없는지 스스로 반성해야 하고, 내가 사람을 다스리는데 잘 다스려지지 않는다면 나의 지혜가 부족하지 않았는지 스스로 반성해 봐야 하며, 내가 남에게 예를 다했음에도 그가 나에게 예로 답하지 않으면 나의 공경에 부족함이 없는지를 반성해야 한다."

反求諸己

돌이켜[反] 모든[諸] 원인을 자기[己]에게서 찾음[求]
남을 탓하지 않고 자기의 자세와 실력을 탓함을 이르는 말.

● 한자를 알면 문해력이 보여요

反(반) : 돌이킬 반, 4획, 부수 又　　求(구) : 구할 구 7획, 부수 水
諸(제) : 모든 제, 16획, 부수 言　　己(기) : 몸/자기 기, 3획, 부수 己

反자는 厂(기슭 엄), 又(또 우)가 합하여 이루어진 모습이며, '되돌아오다'나 '뒤집다'라는 뜻을 가진 글자이다.

求자는 갑골문을 보면 衣(옷 의)에 여러 개의 획이 그려져 있는데, 이것은 털 가죽옷을 표현한 것으로, 쉽게 구할 수 없고, 비싼 것이었기 때문에, '구하다', '탐하다'라는 뜻을 갖게 된 것이다.

諸자는 言(말씀 언), 者(놈 자)가 합하여 이루어진 모습이며, '모두'나 '무릇', '만약', '여러'와 같이 다양한 뜻으로 쓰이는 글자이다.

己자는 '몸'이나 '자기'라는 뜻을 가진 글자이다. 여기서 말하는 '몸'이란 '나 자신'을 뜻한다. 己자의 유래에 대한 의견은 분분하다.

● 키워드로 배우는 사자성어 : #탓 #잘못

수원수구 誰怨誰咎 : 누구를 탓하겠냐는 뜻으로, 남을 원망하거나 탓할 것이 없음.
책인즉명 責人則明 : 제 잘못은 생각하지 않고 남의 잘못만 나무람을 이르는 말.
우이효지 尤而效之 : 남의 잘못을 나무라면서 자신이 잘못을 저지르는 상황이나 그것을 경계하는 말.

● 멋지게 쓰기

이렇게 표현해요

"불출마 선언을 한 그는 '이제 저의 부덕함을 자책하면서
저에 대한 비난을 겸허히 받아들이며 **반구제기**의 심정으로
물러나고자 한다.'라고 덧붙였다."

배수지진

背水之陣
물을 등지고
진을 펼침

한나라 고조가 제위에 오르기 2년 전, 한나라 군을 이끌던 한신(韓信)은 위나라를 격파한 여세를 몰아 조나라로 진격했다. 일만의 군대는 강을 등지고 진을 쳤고 주력부대는 성문 가까이 공격해 들어갔다. 한신은 적이 성에서 나오자 패배를 가장하여 배수진까지 퇴각하게 했고, 한편으로 조나라 군대가 성을 비우고 추격해 올 때 매복병을 시켜 성 안으로 잠입, 조나라기를 뽑고 한나라 깃발을 세우게 했다. 물을 등지고 진을 친 한신의 군대는 죽기 아니면 살기로 결사 항전을 하니 초나라 군대는 퇴각할 수밖에 없었다. 싸움이 끝나고 축하연이 벌어졌을 때 부장들이 한신에게 물었다.

"병법에는 산을 등지고 물을 앞에 두고서 싸우라고 했는데 어찌 물을 등지고 싸워 승리를 할 생각을 하셨습니까?"

이에 한신은 이렇게 대답했다.

"이것도 병법의 한 수로 병서에 자신을 사지에 몰아넣음으로써 살 길을 찾을 수가 있다고 했소. 우리 군은 원정을 계속하여 보강한 군사들이 대부분이니 이들을 생지에 두었다면 그냥 흩어져 달아나 버렸을 것이오. 그래서 사지에다 몰아넣은 것뿐이오."

이를 들은 모든 장수들이 감탄했다고 한다. 이로써 배수진을 친다는 것은 더 이상 물러날 곳 없는 결사항전을 뜻하게 된 것이다.

背水之陣

물[水]을 등지고[背] 진[陣]을 펼침
어떤 일을 성취하기 위하여 더 이상 물러설 수 없음을 뜻하는 말.

● 한자를 알면 문해력이 보여요

背(배) : 등질 배, 9획, 부수 月　　水(수) : 물 수, 4획, 부수 水
之(지) : 갈 지, 4획, 부수 丿　　陣(진) : 진칠 진, 10획, 부수 阝

背자는 北(북녘 북), 月(육달 월)이 합하여 이루어진 모습이며, '등'이나 '뒤', '등지다', '배반하다'라는 뜻을 가진 글자이다.

水자는 '물'이나 '강물', '액체'라는 뜻을 가진 글자이다. 글자 모양 가운데의 물줄기와 양쪽의 흘러가는 모습을 본뜬 글자로 물과 관련된 상태나 동작과 관련된 의미로 사용한다.

之자는 '가다'나 '~의', '~에'와 같은 뜻으로 쓰이는 글자로, 사람의 발을 그린 것이다.

陣자는 阜(阝:언덕 부), 車(수레 차)가 합하여 이루어진 모습이며, 언덕에 군용 수레가 펼쳐져 있는 모습에서 '진치다'나 '전쟁', '대열'이라는 뜻을 표현한 글자이다.

임전무퇴 臨戰無退 : 전쟁에 나아가서 물러서지 않음을 이른다.

사생결단 死生決斷 : 죽고 사는 것을 돌보지 않고 끝장을 내려고 함.

필사즉생 必死則生 : 죽기를 각오하면 살 것이라는 뜻.

● 멋지게 쓰기

이렇게 표현해요

"사업에 실패했지만, 그녀는 **배수지진**의 각오로
다시 도전하는 모습이 감동적이었다."

白駒過隙

흰 망아지가
틈새로 지나간 시간

『장자(莊子)』 외편의 「지북유(知北遊)」에는 다음과 같은 말이 있다.

"사람이 하늘과 땅 사이에 사는 것은 흰말이 달려가는 것을 문틈으로 보는 순간일 뿐이다."

참으로 인생이라는 것이 허망하다는 말이다.

사마천의 『사기(史記)』에도 이런 말이 있다.

죽음을 눈앞에 둔 시점에서 여태후(呂太后)가 장량(張良)에게 탄식하며 말하기를,

"사람의 한평생이 이토록 허망한 것을 어찌 몰랐던가. 인생이란 것이 마치 흰 망아지가 틈을 지나는 것처럼 빠르지 않은가. 오호라, 어찌 괴로워함이 이와 같은가."

여태후는 중국 한나라 고조 유방의 부인으로, 유방이 사망한 후 한나라를 실질적으로 통치하면서, 여 씨 일족이 권력을 독점하는 소위 '여 씨 정권'을 세웠다. 권력욕이 지나쳐 수단과 방법이 악랄하고 잔인무도하기로 유명하였다.

그녀는 죽음을 앞둔 시점에서야 인생의 허망함을 깨달았다.

白駒過隙

흰(白) 망아지(駒)가 틈새(隙)로 지나가는(過) 시간
인생의 지나감이 빠름을 비유한 말.

● 한자를 알면 문해력이 보여요

白(백) : 흰 백, 5획, 부수 白   駒(구) : 망아지 구, 15획, 부수 馬
過(과) : 지날 과, 13획, 부수 辶   隙(극) : 틈 극, 13획, 부수 阝

白자는 '희다'나 '깨끗하다', '진솔하다'라는 뜻을 가진 글자로, 촛불을 그린 것으
로 해석한다.

駒자는 馬(말 마), 句(글귀 구)가 합하여 이루어진 모습이며, '망아지', '새끼말'을 뜻
하는 글자이다.

過자는 辶(쉬엄쉬엄 갈 착), 咼(가를 과)가 합하여 이루어진 모습이다. '지나다'나 '경
과하다', '지나치다'라는 뜻을 가진 글자이다.

隙자는 阝(좌부변 부)와 㵋(틈 극)이 합하여 이루어진 모습으로, '틈', '간극'이라는
뜻을 가진 글자이다.

● 키워드로 배우는 사자성어 : #세월 #인생

무정세월 無情歲月 : 덧없이 흘러가는 세월.
토주오비 兎走烏飛 : 토끼가 달리고 까마귀가 난다는 뜻으로, 세월의 빠름을 이
르는 말.
인생무상 人生無常 : 인생이 덧없음.

白　駒　過　隙

이렇게 표현해요

"실패를 겪은 은빈이는 **백구과극**의 성어를 떠올리며
시간을 놓치지 않기 위해 스스로 도전했다."

白面書生

희고 고운 얼굴에
글만 읽는 인생

중국의 서진(西晉)과 동진(東晉)시대가 끝나고 남북조 시대에 이르러 왕현모(王玄謨)가 송(宋)나라의 문제(文帝)에게 북위(北魏)의 정벌을 권하고 귀족들의 협조를 구하여 군사를 일으키려 했다. 이 때 교위(校尉) 심경지(沈慶之)가 이를 못마땅하게 여겨 다음과 같이 말하며 송(宋)의 문제(文帝)를 만류하였다.

"나라를 다스리는 것은 자세히 따지면 가정을 다스리는 것과 별반 차이가 없습니다. 무릇 농사일을 하려면 농부에게 물어야 합니다. 오랫동안 농사를 지어온 농부에게 묻는다면 실패가 없을 것입니다. 또한 베를 짜려면 길쌈하는 여인에게 물어야 합니다. 한데, 적을 공격하는 일을 일개 백면서생(白面書生)에게 묻는다면 그 일이 성공할 수 있겠습니까?"

그렇게 말했는데도 송(宋)의 문제(文帝)는 심경지의 말을 듣지 않고 위(魏)를 공격했다. 왕현모(王玄謨)는 처음에 하남의 땅 제주(濟州) 확오성(碻磝城)을 빼앗는 전과를 올렸으나 끝내 패하여 퇴각하고 말았다. 전쟁의 피해는 이루 말로 다할 수 없었다고 한다.

白面書生

희고(白) 고운 얼굴(面)에 글(書)만 읽는 인생(生)
세상일에 조금도 경험이 없는 사람을 이르는 말.

● **한자를 알면 문해력이 보여요**

白(백) : 흰 백, 5획, 부수 白   面(면) : 낯 면, 9획, 부수 面
書(서) : 글 서, 10획, 부수 日   生(생) : 날 생, 5획, 부수 生

白자는 '희다'나 '깨끗하다', '진솔하다'라는 뜻을 가진 글자로, 촛불을 그린 것으로 해석한다.

面자는 사람의 '얼굴'이나 '평면'이라는 뜻을 가진 글자로, 사람의 머리둘레와 눈을 특징지어서 그린 것이다.

書자는 聿(붓 율), 日(가로 왈)이 합하여 이루어진 모습이며, '글'이나 '글씨', '글자'라는 뜻을 가진 글자이다.

生자는 갑골문을 보면 땅 위로 새싹이 돋아나는 모습을 본뜬 것으로, '나다'나 '낳다', '살다'라는 뜻을 가진 글자이다.

● **키워드로 배우는 사자성어 : #경험 #세상일**

산전수전 山戰水戰 : 세상의 온갖 고생과 어려움을 다 겪었음을 이르는 말.
유취미간 乳臭未干 : 젖 냄새가 아직 가시지 않았다는 뜻. 미숙한 사람을 비유하
　　　　　　　　　는 말.
도학선생 道學先生 : 이론에만 밝고 실제의 세상일에는 경험과 융통성이 없는
　　　　　　　　　사람을 뜻함.

이렇게 표현해요

"공부만 열심히 한 **백면서생**들은 사회에서 두각을 나타내기 어렵다."

백발백중

百發百中

백 번 쏘아
백 번 명중

백발백중(百發百中)은 사마천의 『사기(史記)』의 주본기(周本記)에 나오는 말로, 초(楚)나라 장수 양유기(養由基)에 얽힌 일화에서 비롯되었다.

초(楚) 나라에 양유기(養由基)라는 장수가 있었다. 그는 활을 쏘면 백보 앞의 버들잎을 맞힐 정도로 활쏘기의 명수였다. 그가 시범을 보일 때면 수백, 수천의 관중들이 구름처럼 모여들었다.

한 번은 양유기가 활을 쏘는데 지나가던 사나이가 한마디 던졌다.

"정말 잘 쏘는구만. 가르칠만 해."

양유기는 벌컥 화를 내었다. 어떻게 자신을 가르칠 수 있는지 말해보라는 것이었다.

그러자 사내는 말했다.

"나는 양장군에게 활쏘기의 기술을 가르친다고 한 적은 없소이다."

"그럼, 뭘 가르치겠다는 거요?"

"장군께서는 백 보 앞의 버들잎을 맞힐 정도지만, 사람의 기력엔 한계가 있는 법이오. 오늘은 당신이 백발백중을 자랑하지만, 한 번이라도 실수하면 과거의 공은 무산되고 맙니다. 그러니 여타의 전투에는 몸이 아프다는 핑계로 출전하지 마시오."

'백 번 쏘아 백 번 맞힌다(百發百中)'는 사자성어는 양유기의 활쏘기에서 나온 것으로, 오늘날에는 하는 일이나 계획한 모든 것이 실패 없이 잘 들어맞는다는 의미로 쓰이고 있다.

百發百中

백 번(百) 쏘아(發) 백 번(百) 명중(中)
백 번 쏘아 백 번 맞는다는 뜻으로, 계획이 예정대로 들어맞음.

● **한자를 알면 문해력이 보여요**

百(백) : 일백 백, 6획, 부수 白   發(발) : 필 발, 12획, 부수 癶
百(백) : 일백 백, 6획, 부수 白   中(중) : 가운데 중, 4획, 부수 丨

百자는 白(흰 백), 一(한 일)이 합하여 이루어진 모습이며, '일백'이나 '백 번', '온갖'과 같은 수를 나타내는 글자이다.

發자는 癶(등질 발), 弓(활 궁), 殳(창 수)가 합하여 이루어진 모습이며, '피다'나 '쏘다', '드러나다', '밝히다'라는 뜻을 가진 글자이다.

百자는 白(흰 백), 一(한 일)이 합하여 이루어진 모습이며, '일백'이나 '백 번', '온갖'과 같은 수를 나타내는 글자이다.

中자는 '가운데'나 '속', '안'이라는 뜻을 가진 글자로, 이전에는 무언가를 꿰뚫는 모습을 그렸던 것으로 해석했다.

일발필중 一發必中 : 한 번 쏘아 반드시 맞힘.

언행일치 言行一致 : 말과 행동이 하나로 들어맞음. 또는 말한 대로 실행함.

학행일치 學行一致 : 배움과 실천이 하나로 들어맞음.

● 멋지게 쓰기

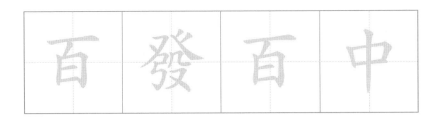

이렇게 표현해요

"그 주식 전문가는 **백발백중**으로 주가를 예측하여,
많은 사람들의 주목을 받고 있다."

백중지세

伯仲之勢

첫째와 둘째를
가리기 어려운 형세

'백중지세(伯仲之勢)'의 유래는 한나라 시대의 대문장가 부의(傳毅)와 반고(班固)의 문장 실력을 평가한 것에서 시작되었다. 위나라 문제(文帝) 조비의 『전론(典論)』에는 '부의지어반고 백중지간(傳毅之於班固 伯仲之間)'이라는 문장이 있다. 백중(伯仲)이란 형제의 서열을 나타내는 말로 맏이를 백씨(伯氏), 둘째를 중씨(仲氏), 막내를 계씨(季氏)라고 부른다. 즉, 부의와 반고는 그 실력의 우열을 가리기 힘들 정도로 막상막하였다는 뜻이다. 그들의 문장력이 우열을 가릴 수 없을 정도로 비슷했기 때문에, 이를 나타내는 용어로 '백중지간(伯仲之間)'이 등장하였고, 이후 '백중지세(伯仲之勢)'로 변하게 된 것이다.

백중지세(伯仲之勢)라는 성어는 두 사람이나 두 대상이 서로 우열을 가릴 수 없이 엇비슷한 수준임을 나타내는 표현으로, 각 분야의 최고 수준의 인물이나 작품을 비교할 때 자주 사용된다.

伯仲之勢

첫째[伯]와 둘째[仲]를 가리기 어려운 형세[勢].
우열의 차이가 없이 엇비슷함을 이르는 말.

● **한자를 알면 어휘가 보여요**

伯(백) : 맏 백, 7획, 부수 亻   仲(중) : 버금 중, 6획, 부수 亻
之(지) : 갈 지, 4획, 부수 丿   勢(세) : 형세 세, 4획, 부수 力

伯자는 人(사람 인), 白(흰 백)이 합해진 형태며, '큰아버지'나, '맏이', '우두머리'라
는 뜻을 가진 글자이다.

仲자는 人(사람 인), 中(가운데 중)이 합하여 이루어진 모습이며, '버금'이나 '중간'
이라는 뜻을 가진 글자이다.

之자는 '가다'나 '~의', '~에'와 같은 뜻으로 쓰이는 글자로, 사람의 발을 그린
것이다.

勢자는 埶(재주 예), 力(힘 력)이 합하여 이루어진 모습이며, '형세'나 '권세', '기세'
라는 뜻을 가진 글자이다.

● **키워드로 배우는 사자성어 : #우열 #비슷함**

난형난제 難兄難弟 : 형과 동생 중 누가 더 낫다고 말하기 어려운 상황. 즉, 실력
　　　　　　　　　이 비슷함.
막상막하 莫上莫下 : 어느 것이 위고 아래인지 분간할 수 없음.
난백난중 難伯難仲 : 비교되는 대상의 우열을 가리기 어려움을 이르는 말.

伯　仲　之　勢

이렇게 표현해요

"철수와 민철이의 축구실력은 **백중지세**다."

不得要領

요령을
얻지 못하다

한무제가 흉노를 공격하기 위해 기원전 139년에 낭관 장건(張騫)을 대월지국(大月支國)에 사신으로 보냈다. 이때 길을 안내한 자는 흉노출신 감부(甘父)라는 자였는데, 그들은 흉노 땅에 들어선 지 얼마 안 되어 모두 체포돼 버렸다.

장건은 흉노 여인과 혼인하여 두 아들을 두었으나 이래저래 세월은 10년이 지나갔다. 그러던 어느 날 기회를 틈타 수행원들과 함께 대완국(大宛國)으로 탈출했다. 대완국은 한나라와 교역하는 중이었으므로 그를 대월지국에 데려다 주었다.

이때 대월지국에서는 왕이 흉노와의 싸움에서 죽은 직후라 새로운 왕은 대하국(大夏國)을 정복하여 그곳에 머물러 있었다. 땅은 기름지고 인심이 넉넉하여 흉노에 대한 복수는 이미 잊은 오래였다. 더구나 멀고도 먼 한나라와의 통교(通交)에는 관심조차 없었다. 장건은 소득 없이 귀국할 수밖에 없었다.

그러나 돌아오는 길에 다시 흉노에게 잡혀 1년 남짓 머무르다가 귀국길에 올랐다. 비록 소기의 목적은 부득요령으로 끝났지만 서역 문명을 소개한 자로서는 역사에 길이 남을 업적이었다.

'부득요령'의 '요(要)'는 허리라는 뜻의 '요(腰)'이며, '령(領)'은 목이라는 뜻으로, 관건이나 핵심을 뜻한다. 중국에서는 일반적으로 '부득요령'이라 하고 우리나라에서는 '요령부득'이라고 한다.

不得要領

요령[要][領]을 얻지[得] 못하다[不].
핵심이나 요점을 파악하거나 터득하지 못하는 것을 말한다.

● **한자를 알면 문해력이 보여요**

不(부) : 아니 불, 4획, 부수 一　　得(득) : 얻을 득, 11획, 부수 彳
要(요) : 중요할 요, 9획, 부수 襾　　領(령) : 다스릴 령, 14획, 부수 頁

不자는 '아니다'나 '못하다', '없다'라는 뜻을 가진 글자로, 땅속으로 뿌리를 내린 씨앗을 그린 것이다. 아직 땅위로 자란 부분이 없으니, 미치지 못함을 의미하는 것이다.

得자는 彳(조금 걸을 척), 貝(조개 패), 寸(마디 촌)이 합하여 이루어진 모습이며, '얻다'나 '손에 넣다'라는 뜻을 가진 글자이다.

要자는 '중요하다'라는 뜻을 가진 글자이며, 본래 의미는 허리였으나, 후에 허리가 신체에서 중요한 부위라는 의미가 확대되면서 중요하다는 의미를 갖게 되었다.

領자는 令(영 령), 頁(머리 혈)이 합해진 모습이며, '목'을 뜻하기도 하고 '거느리다'나 '다스리다', '통솔하다'라는 뜻을 가진 글자이다.

몽중몽설 夢中夢說 : 무엇을 말하는지 종잡을 수 없음을 이르는 말.

치인설몽 痴人說夢 : 바보가 꿈 이야기를 한다. 이야기가 조리에 맞지 아니함을
이름.

요령부득 要領不得 : 핵심이나 요점을 파악하거나 터득하지 못하는 것을 말한
다.

● 멋지게 쓰기

이렇게 표현해요

"도대체 너는 그 업무를 몇 년이나 하고 있는데
여전히 '부득요령'이냐?"

附和雷同

우레 소리에 맞춰
함께 함

　우렛소리에 맞춰 함께한다는 뜻으로, 자신의 뚜렷한 소신 없이 남이
하는 대로 따라가는 것을 뜻하는 말이다.

　『논어(論語)』에서는 다음과 같이 말한다.

　"공자가 말하기를 군자는 화합하지만 부화뇌동하지 않고, 소인은 부
화뇌동하지만 화합하지 않는다."

　이 말은, 군자는 의를 숭상하고 남을 자신처럼 생각하여 화합하지만,
소인은 이익을 따지는 사람이므로 이해관계가 맞는 사람끼리 행동하여
사람들과 화합하지 못한다는 뜻이다. 부화뇌동(附和雷同)에서 뇌동(雷同)
이란 우레가 울리면 만물도 이에 따라 울린다는 뜻으로, 다른 사람의
말을 듣고 그 말의 옳고 그름을 생각해 보지 않고 경솔하게 부화(附和)하
는 것을 의미한다. 부화뇌동은 자신의 주체적인 의견과 객관적인 기준
을 도외시한 채 물질적인 이해관계 또는 남의 주장이나 의견을 맹목적
으로 추종하는 것을 경고하는 뜻으로 쓰인다.

附和雷同

우레[雷] 소리에 맞춰[同] 함께함[附][和].
아무런 주관이 없이 남의 의견을 맹목적으로 좇아 함께 어울림을 이르는 말.

● **한자를 알면 문해력이 보여요**

附(부) : 붙을 부, 8획, 부수 阝   和(화) : 화할 화, 8획, 부수 口
雷(뇌) : 우레 뇌, 13획, 부수 雨   同(동) : 한 가지 동, 6획, 부수 口

附자는 阜(언덕 부), 付(줄 부)가 합하여 이루어진 모습이며, '붙다'나 '붙이다', '보내다'라는 뜻을 가진 글자이다.

和자는 禾(벼 화), 口(입 구)가 합하여 이루어진 모습이며, '화목하다'나 '온화하다'라는 뜻을 가진 글자이다.

雷자는 雨(비 우), 田(밭 전)이 합하여 이루어진 모습이며, '우레'나 '천둥', '사나움'이라는 뜻을 가진 글자이다.

同자는 凡(무릇 범), 口(입 구)가 합하여 이루어진 모습이며, '한 가지'나 '같다', '함께'라는 뜻을 가진 글자이다.

● **키워드로 배우는 사자성어 : #주관 #의견**

부화수행 附和隨行 : 자기 주관이 없이 남의 의견에 따라 움직임.
아부영합 阿附迎合 : 자기의 주견이 없이 남의 말에 아부하며 동조함.
여진여퇴 旅進旅退 : 일정한 주관이나 절개가 없이 다만 남의 의견을 추종함.

附 和 雷 同

이렇게 표현해요

"선생님은 학생들에게 **부화뇌동**하지 않고
자신의 생각을 표현하는 것이 중요하다고 강조하셨다."

분서갱유

焚書坑儒
책을 불사르고
선비들을 구덩이에 매장함

전국시대를 종식시킨 진시황은 스스로 시황제를 칭하고 중앙집권제를 강화하였다. 진시황 34년 함양궁에서 술자리가 베풀어졌다. 신하들은 군현제도와 봉건제도의 부활을 주장하며 서로 다른 주장을 놓고 대립하고 있었다. 이때 승상 이사(李斯)는 봉건제도는 임금의 권위를 떨어뜨리고 당파를 조성하는 결과를 가져오게 되므로 이를 금해야 한다는 의견을 내놓았다. 또한 사관(史官)이 맡고 있는 진나라 기록과 의약, 복술, 농경 등에 관한 서적을 제외하고는 모든 책을 태워 없애야 한다고 말을 했다. 시황은 이사의 말을 채택하여 실시케 했는데 이것이 분서(焚書)이다. 이듬해인 35년에 진시황이 불로장생을 원한 나머지 신선술을 가진 방사(方士)들을 불러 모았는데 그들 중에서 후생(後生)과 노생(盧生)을 우대했다.

그러나 후한 대접을 받은 이들이 시황제를 비난하면서 도망쳐 버리자 화가 난 시황제는 정부를 비난하는 학자들을 모조리 잡아다가 심문하고 그 결과 법에 저촉된 460여 명을 함양성 안에 구덩이를 파고 묻게 하였다. 이것을 바로 갱유(坑儒)라고 불렀는데, 이 두 사건을 합쳐 분서 갱유라고 한 것이다.

焚書坑儒

책을[書] 불사르고[焚] 선비들[儒]을 구덩이[坑]에 매장함.
지식인들을 탄압하는 행위를 뜻하는 말.

● 한자를 알면 문해력이 보여요

焚(분) : 불사를 분, 12획, 부수 火   書(서) : 글 서, 10획, 부수 日
坑(갱) : 구덩이 갱, 7획, 부수 土   儒(유) : 선비 유, 16획, 부수 亻

焚자는 火(불 화), 林(수풀 림)이 합하여 이루어진 모양이며, '불사르다'라는 뜻을
가진 글자다.

書자는 聿(붓 율), 日(가로 왈)이 합하여 이루어진 모습이며, '글'이나 '글씨', '글자'
라는 뜻을 가진 글자이다.

坑자는 土(흙 토), 亢(높을 항)이 합하여 이루어진 모습으로, '구덩이', '갱도'의 뜻을
가진 글자이다.

儒자는 人(사람 인), 需(쓰일 수)가 합하여 이루어진 모습이며, '선비'나 '유교'라는
뜻을 가진 글자이다.

● 키워드로 배우는 사자성어 : #탄압 #억압

백색공포 白色恐怖 : 지배 계급이 반정부 세력이나 혁명 운동에 대하여 행하는
                     탄압.
무단향곡 武斷鄕曲 : 시골에서 세도가가 백성들을 권세로 억압하던 일.
옥석구분 玉石俱焚 : 옥과 돌이 모두 불에 탄다는 뜻으로, 선악의 구별 없이 함
                     께 화를 당함을 일컫는 말.

焚　書　坑　儒

이렇게 표현해요

"**분서갱유**로 많은 지식이 소실되었지만,
그 과정에서도 지식을 지키려 애쓰는 선구자들도 있었다."

붕정만리

鵬程萬里

붕새가 날아갈 길이
만 리

북해에 사는 곤(鯤)이라는 고기는 길이가 몇 천 리가 되는지를 몰랐다. 그런데 이 고기가 변해 붕새가 된다. 그러므로 붕새의 등은 당연히 클 수밖에 없다. 몇 천 리나 되는 붕새의 등은 한 번 날면 하늘을 뒤덮어 버린다.

이 붕새가 남해 바다로 갈 때는 날개 짓은 3천 리, 높이 오르는 것은 9만 리를 한다. 그리고 여섯 달이 지나고 나서야 비로소 쉰다. 그런데 단숨에 9만 리를 나는 붕새를 향해 작은 새 척안(斥鷃)이 쫑긋 비웃어댄다.

"도대체 저놈은 어디로 가는 걸까. 우리는 고작 대여섯 자 숲 위를 날 뿐인데 말이야. 그런데도 나는 데엔 흥미가 있거든."

이러한 척안의 조잘댐을 비유하여 장자는 말한다.

"어찌 작은 것이 큰 새의 뜻의 알겠는가."

붕새가 6개월 만에 남쪽으로 가는 것을 도남(圖南)이라 한다. 이러한 도남은 다른 지역으로 가서 큰 사업을 시작하려는 것을 의미한다.

鵬程萬里

붕새(鵬)가 날아갈 길(程)이 만(萬) 리(里)

앞날이 창창한 것 또는 원대한 계획이나 사업을 비유한 말.

● **한자를 알면 문해력이 보여요**

鵬(붕) : 붕새 붕, 19획, 부수 鳥   程(정) : 길 정, 12획, 부수 禾

萬(만) : 일만 만, 12획, 부수 艹   里(리) : 마을 리, 7획, 부수 里

鵬자는 鳥(새 조), 朋(벗 붕)의 합하여 이루어진 모습으로, '붕새'(상상의 새), '봉새'를 뜻하는 글자이다..

程자는 禾(벼 화), 呈(드릴 정)이 합하여 이루어진 모습이며, '한도'나 '측량', '길'이라는 뜻을 가진 글자이다.

萬자는 艹(풀 초), 禺(긴꼬리원숭이 우)가 합하여 이루어진 모습이며, '일만'이라는 뜻을 가진 글자이다.

里자는 田(밭 전), 土(흙 토)가 합하여 이루어진 모습이며, '마을'이나 '인근', '거리를 재는 단위'로 쓰이는 글자이다.

● **키워드로 배우는 사자성어 : #창창함 #미래 #계획**

창창소년 蒼蒼少年 : 앞길이 창창하여 희망에 차 있는 젊은이.

만년지계 萬年之計 : 아주 먼 훗날까지 걸친 큰 계획.

백년지계 百年之計 : 먼 앞날까지 미리 내다보고 세우는 계획

이렇게 표현해요

"나는 자기만족 수준을 넘어,
붕정만리의 이상을 향해 공부하고 있다."

비육지탄

脾肉之嘆

허벅지에 살이 찜을
한탄함

장수가 오랫동안 말을 타지 못하여 넓적다리에 살이 찌는 것을 한탄하는 뜻으로 재능과 역량을 발휘할 기회를 가지지 못하여 헛되이 세월만 보냄을 탄식할 때 쓰는 말이다. 유비(劉備)가 조조(曹操)에게 쫓겨 끝내는 형주의 유표(劉表)에게 몸을 의탁하여, 신야(新野)라는 작은 성(城) 하나를 맡아보고 있었다.

어느 날 유비는 유표의 초대를 받아 술을 마시고 잠시 화장실을 갔는데 자신의 넓적다리가 유난히 살이 찐 것을 발견하고 순간 슬픈 생각이 치밀어 눈물이 쏟아졌다. 자리로 돌아온 유비의 얼굴에서 눈물 자국을 발견한 유표가 그 까닭을 물었다.

유비는 "지금까지 말안장에서 하루도 떠난 적이 없어 넓적다리에 살이 붙은 적이 없었는데, 오랫동안 말을 타지 않으니 이렇게 살이 붙었습니다. 세월은 가는데 아무런 공도 세우지 못하는 신세가 슬프고 한탄스러울 뿐입니다."라고 대답했다.

여기에서 비육지탄이란 말이 사용되었다.

그 후 이 말은 실력을 발휘할 기회가 주어지지 않거나, 세상에서 공을 이루지 못하고 허송세월을 보낼 때, 한탄하는 의미로 쓰인다.

脾肉之嘆

허벅지[脾]에 살이[肉] 찜을 한탄함[嘆]

재능을 발휘할 기회를 가지지 못하여 헛되이 세월만 낭비함을 이르는 말.

脾(비) : 넓적다리 비, 18획, 부수 骨   肉(육) : 고기 육, 6획, 부수 肉

之(지) : 갈 지, 4획, 부수 丿   嘆(탄) : 탄식할 탄, 15획, 부수 口

脾자는 骨(뼈 골)과 卑(낮을 비)가 합하여 이루어진 글자로 '넓적다리'라는 뜻을 가졌다.

肉자는 고깃덩어리에 칼집을 낸 모양을 그린 것으로 '고기'나 '살', '몸'이라는 뜻을 가진 글자이다.

之자는 '가다'나 '~의', '~에'와 같은 뜻으로 쓰이는 글자로, 사람의 발을 그린 것이다.

嘆자는 口(입 구)와 堇(진흙 근)이 합하여 이루어진 글자로 '탄식하다'라는 뜻을 가졌다.

만시지탄 晚時之歎 : 때가 이미 늦었거나 시기를 놓친 탄식을 이르는 말.

강개지사 慷慨之士 : 세상의 옳지 못한 일에 대하여 의분을 느끼고 탄식하는 사람.

허도세월 虛度歲月 : 하는 일 없이 세월만 헛되이 보냄.

이렇게 표현해요

"직장을 그만둔 후 취업을 못하고 방황하고 있으니
나의 상황이 **비육지탄**이다."

四分五裂

넷으로 나눠지고
다섯으로 분열됨

'사분오열'이라는 성어는 『전국책(戰國策)』에서 처음으로 등장한다. 『전국책』은 중국 전국시대의 여러 나라와 관련된 사건과 그 일화를 모아놓은 책으로, 전국시대의 혼란스러운 상황, 권력 다툼, 전쟁 등을 묘사하고 있으며, 그 과정에서 '사분오열'이라는 표현을 사용해 당시의 상황을 적나라하게 묘사하고 있다. '사분오열'은 '네 갈래 다섯 갈래로 나눠지고 찢어진다.'라는 뜻으로 천하가 심히 어지러움을 말하는 것이다. 상황이나 공간이 무질서하게 분열되어 흩어져 버린 모습, 즉 상당히 혼란스럽고 분열된 상태를 묘사한다.

四分五裂

넷(四)으로 나눠(分)지고 다섯(五)으로 분열(裂)됨
질서 없이 몇 갈래로 뿔뿔이 헤어지거나 떨어짐.

四(사) : 넉 사, 5획, 부수 口　　分(분) : 나눌 분, 4획, 부수 刀
五(오) : 다섯 오, 4획, 부수 二　　裂(열) : 찢을 열, 12획, 부수 衣

四자는 숫자 '넷'을 뜻하는 글자로, 갑골문을 보면 긴 막대기 네 개가 그려져 있다.

分자는 八(여덟 팔), 刀(칼 도)가 합하여 이루어진 모습이며, '나누다'나 '베풀어 주다'라는 뜻을 가진 글자이다.

五자는 '다섯'이나 '다섯 번'이라는 뜻을 가진 글자로, 나무막대기를 엇갈려 놓은 모습을 그린 것이다.

裂자는 衣(옷 의), 列(벌릴 열)이 합하여 이루어진 모습이며, '찢다'나 '쪼개다', '터지다'라는 뜻을 가진 글자이다.

● 키워드로 배우는 사자성어 : #흩어짐 #헤어짐

풍비박산 風飛雹散 : 사방으로 날아 흩어짐.
조취모산 朝聚暮散 : 아침에 모였다가 저녁에 헤어진다는 뜻.
산지사방 散之四方 : 사방으로 흩어짐. 또는 흩어져 있는 각 방향.

이렇게 표현해요

"리더에 대한 불만으로 팀이 **사분오열**되었다."

살신성인

殺身成仁

자기 몸을 희생하여
인을 이룬다

공자가 『논어(論語)』의 「이인(里仁)」편에서 이렇게 말했다.

"군자가 인(仁)을 떠나 어떻게 군자가 될 수 있겠느냐?"

공자가 말하는 '인'의 설명은 간단하지가 않다. '인'을 이해하기 위해서는 무엇보다 군자가 되는 것이 어떤 것인지를 알아볼 필요가 있다.

『논어(論語)』의 「위령공(衛靈公)」편에는 "뜻있는 선비와 어진 사람은 살기 위해 인(仁)을 해치지 않고, 자신의 목숨을 바쳐 인을 이룬다."라는 대목이 있다. 지사(志士)는 뜻있는 선비를, 인인(仁人)은 덕을 완성한 사람이다. 공자에게 있어서 인은 최고의 덕이며, 이 최고의 덕을 성취

하기 위해 육체는 문제가 되지 않는다. 안중근 선생의 유목 중 '뜻있는 선비와 어진 사람은 자신을 희생해서 인을 이룬다'는 글귀도 여기서 따온 것이다.

지사(志士)와 인인(仁人)은 인에 살고, 인으로 살고, 인을 위해 살아야지 육체의 생명을 추구하는 것이 삶의 기본이 되지는 않는다. 공자는 인을 이루기 위해 살신(殺身) 한다는 결의를 품었다. 살신은 꼭 죽음을 의미하기보다는, 그만큼 몸과 마음을 다하는 태도라고 보면 된다.

전 세계 제국주의자들에게 경종을 울린 독립투사 안중근 의사는 이

토 히로부미의 가슴에 총탄을 발사하고 "일제에 목숨을 구걸하지 말고 죽으라."는 어머니의 말씀에 따라 공소도 포기한 채 뤼순 감옥에서 사형당하고 만다. 안중근 의사는 그야말로 자신의 몸을 희생함으로써 세상을 향해 정의와 인을 실천한 열사였던 것이다.

殺身成仁

자기 몸[身]을 희생[殺]하여 인[仁]을 이룬다[成].
몸을 바쳐 옳은 도리를 행한다는 말.

● 한자를 알면 문해력이 보여요

殺(살) : 죽일 살, 11획, 부수 殳   身(신) : 몸 신, 7획, 부수 身
成(성) : 이룰 성, 7획, 부수 戈   仁(인) : 어질 인, 4획, 부수 亻

殺자는 杀(죽일 살), 殳(몽둥이 수)가 합하여 이루어진 모습이며, '죽이다'나 '죽다', '없애다'라는 뜻을 가진 글자이다.

身자는 '몸'이나 '신체'를 뜻하는 글자로, 갑골문을 보면 배가 볼록한 임신한 여자가 그려져 있었다.

成자는 戊(창 모), 丁(못 정)이 합하여 이루어진 모습이며, '이루다'나 '갖추어지다', '완성되다'라는 뜻을 가진 글자이다.

仁자는 人(사람 인), 二(두 이)가 합하여 이루어진 모습이며, '어질다'나 '자애롭다', '인자하다'라는 뜻을 가진 글자이다.

사생취의 捨生取義 : 비록 목숨을 버릴지언정 옳은 일을 함을 일컫는 말.
살신입절 殺身立節 : 자기의 몸을 희생하여 절개를 세움.
마정방종 摩頂放踵 : 온몸을 바쳐서 남을 위하여 희생함을 이르는 말.

● 멋지게 쓰기

이렇게 표현해요

"그녀는 자신의 생명을 걸고 동료들을 구하기 위해
살신성인의 결의를 보였다."

삼인성호

三人成虎

세 사람이 모여
호랑이를 만듦

전국시대 위(魏)나라 혜왕(惠王) 때의 일이다. 외교적 관례에 따라 위나라의 방총(龐蔥)이 태자와 함께 인질로 조(趙)나라의 한단(邯鄲)으로 가면서 자기가 없는 동안 왕의 관심이 자기에게서 멀어질까 하여 혜왕에게 말했다.

"지금 어떤 사람이 저잣거리에 호랑이가 나타났다고 한다면 믿으시겠습니까?"

"그 말을 누가 믿겠나?"

"그럼 두 사람이 저잣거리에 호랑이가 나타났다고 한다면 믿으십니까?"

"역시 믿지 못하겠지."

"여러 사람이 저잣거리에 호랑이가 나타났다고 하면 믿으시겠습니까?"

"과인은 믿게 될 것이오."

그러자 방총이 말했다. "저잣거리에 호랑이가 나타날 수 없다는 것은 명백한 일입니다. 그러나 여러 사람이 말한다면 호랑이가 되는 것입니다. 한단은 위나라에서 저잣거리보다 멀리 떨어져 있습니다. 그리고 신에 대해 말하는 사람은 아주 많습니다. 왕께서 잘 살피시기 바랍니다.”

혜왕이 “과인이 스스로 알아서 판단할 것이오.”라고 말하자 방총은 작별인사를 하고 출발했다. 그런데 방총이 한단에 도착하기도 전에 신하들은 방총을 모함하기 시작했으며, 결국 왕은 방총을 의심하기 시작했다. 수년 후 인질에서 풀려난 태자와 방총은 한단에서 돌아왔으나 결국 왕을 만날 수 없는 신세가 되고 말았다.

이처럼 세 사람이면 없던 호랑이도 만든다는 뜻으로 거짓말이라도 여러 사람이 말하면 진실이 되어 믿기 쉽다는 뜻이다.

~~~~~~

三人成虎

세[三] 사람[人]이 모여 호랑이[虎]를 만듦[成]
세 사람이 짜면 거리에 범이 나왔다는 거짓말도 사실처럼 될 수 있다는 말.

● 한자를 알면 문해력이 보여요

三(삼) : 석 삼, 3획, 부수 一   人(인) : 사람 인, 2획, 부수 人

成(성) : 이룰 성, 7획, 부수 戈   虎(호) : 범 호, 8획, 부수 虍

三자는 '셋'이나 '세 번', '거듭'이라는 뜻을 가진 글자로, 나무막대기 세 개를 늘어놓은 모습을 그린 것이다.

人자는 '사람'이나 '인간'이라는 뜻을 가진 글자로, 한자에서 가장 많이 쓰이는 글자이기도 하다.

成자는 戊(창 모), 丁(못 정)가 합하여 이루어진 모습이며, '이루다'나 '갖추어지다', '완성되다'라는 뜻을 가진 글자이다.

虎자는 '호랑이'나 '용맹스럽다'라는 뜻을 가진 글자이다. 호랑이는 예나 지금이나 용맹함을 상징한다.

● **키워드로 배우는 사자성어 : #거짓말 #사실 #믿음**

시호삼전 市虎三傳 : 사실이 아닌 것도 많은 사람이 말하면 듣는 자도 언젠가는 믿게 된다.
증삼살인 曾參殺人 : 공자의 제자인 증삼이 살인을 저질렀다는 뜻으로, 거짓말 도 되풀이해 들으면 믿어버리게 된다는 말.
이와전와 以訛傳訛 : 거짓말에 또 거짓말이 섞여 자꾸 전하여 감.

● **멋지게 쓰기**

이렇게 표현해요

"삼인성호처럼 퍼진 루머로
연예인들이 큰 피해를 보고 있다."

새옹지마

塞翁之馬 변방 늙은이의 말

　중국 변방에 점을 잘 치는 노인이 살고 있었는데, 어느 날 그 노인의 말이 국경을 넘어 오랑캐 땅으로 도망을 쳤다. 마을 사람들이 찾아와 그를 위로하자 그는 조금도 걱정하는 빛이 아니었다. 그는 밝은 얼굴로 이렇게 말했다.

　"이것이 복이 될 줄 어찌 알겠소."

　몇 달이 지나자 도망갔던 그 말이 오랑캐의 좋은 말을 한 필 끌고 돌아왔다. 마을 사람들이 찾아와 축하를 해주었고 그 노인은 또 이렇게 말했다.

　"이것이 또 화가 될지 어찌 알겠소."

　어느 날 그의 아들이 그 오랑캐 말로 말타기를 하다가 떨어져 다리가 부러졌다. 사람들이 안 되었다고 위로하자 "이것이 복이 될지 누가 알겠소."하며 무표정하게 말했다.

　1년 후 오랑캐가 쳐들어와 마을 젊은이들이 전쟁터로 끌려나가 목숨을 잃었으나 노인의 아들은 불구자이기 때문에 전쟁터에 나가지 않고 목숨을 부지할 수 있었다.

　새옹지마는 여기서 유래된 말로 인간의 길흉화복, 영고성쇠는 그 변화를 예측할 수 없다는 뜻으로 쓰인다.

화가 복이 되기도 하고 복이 화가 되기도 하는 법이니, 매사에 지나치게 일희일비할 필요가 없는 것이다.

塞翁之馬

변방[塞] 늙은이[翁]의 말[馬]

인생의 길흉화복은 변화가 많아 예측하기가 어려움을 이르는 말.

● 한자를 알면 문해력이 보여요

塞(새) : 변방 새, 13획, 부수 土　　翁(옹) : 늙은이 옹, 10획, 부수 羽

之(지) : 갈 지, 4획, 부수 丿　　馬(마) : 말 마, 10획, 부수 馬

塞자는 '변방'이나 '요새', '보루'라는 뜻을 가진 글자로, 갑골문을 보면 집처럼 생긴 상자 안에 죽간(竹簡 : 문자를 기록하던 대나무 조각)을 넣고 있는 모습이 그려져 있다.

翁자는 公(공평할 공), 羽(깃 우)가 합하여 이루어진 모습이며, '늙은이'나 '어르신'이라는 뜻을 가진 글자이다.

之자는 '가다'나 '～의', '～에'와 같은 뜻으로 쓰이는 글자로, 사람의 발을 그린 것이다.

馬자는 갑골문을 보면 '말'의 모양을 본뜬 모습으로, 말의 특징을 표현하기 위해 큰 눈과 갈기가 함께 그려져 있다.

새옹득실 塞翁得失 : 화가 도리어 복이 되기도 함.

전화위복 轉禍爲福 : 불행(不幸)을 행복으로 바꾸어 놓을 수 있다는 말.

경조상문 慶弔相問 : 경사스러운 일은 서로 축하하고 불행한 일은 서로 위문함.

● 멋지게 쓰기

이렇게 표현해요

"경제 위기가 닥쳤지만, **새옹지마**라고,
다시 도전하기로 마음 먹었다."

선발제인
先發制人

먼저 착수하여
상대를 제압한다

『사기(史記)』의 「항우본기(項羽本紀)」에서 유래한 성어다.

진나라 2세 황제 원년에 진섭(陳涉)이라는 자가 반란을 일으켰다. 이 때 항량(項梁)과 그의 조카 항우(項羽)는 하상 지방에서 오중(吳中)으로 도 망쳐 몸을 숨기고 있었다.

그러던 어느 날 회계태수 은통(殷通)이 찾아와 항량에게 "강서에 반란이 일어난바 이는 하늘이 진을 멸망시키려는 때입니다. 내가 듣기에 먼저 선수를 치면 상대를 제압할 수 있고 나중에 일어서면 상대에게 제압당하고 말 것입니다. 이에 나는 군사를 일으키려고 하는데 그대와 환초(桓楚)를 장군으로 삼으려 합니다"고 말했다. 자신을 도와 함께 군사를 일으킨다면 천하를 도모할 수 있다는 뜻밖의 제안이었다.

이에 항량이 재빨리 머리를 굴려, 환초의 행방은 자신의 조카 항우밖에는 모른다고 말했다. 그렇게 말하고는 밖으로 나가 자신이 신호하면 들어와 은통을 죽이라는 귀띔을 하고 안으로 들어갔다. 잠시 후 방으로 들어간 항우는 단칼에 은통을 살해하고 태수의 인을 손에 넣었다. 선수를 치자고 말을 한 사람은 은통이었는데 실제로 이를 먼저 행동에 옮긴 이는 항량이었다. 항량이 은통의 지위를 차지했음은 물론이다.

先發制人

먼저[先] 착수[發]하여 상대[人]를 제압[制]한다.

남의 꾀를 먼저 알아차리고 일이 생기기 전에 미리 막아 냄.

● **한자를 알면 문해력이 보여요**

先(선) : 먼저 선, 6획, 부수 儿   發(발) : 필 발, 12획, 부수 癶

制(제) : 절제할 제, 8획, 부수 刂   人(인) : 사람 인, 2획, 부수 人

先자는 牛(소 우)자와 儿(어진사람 인)이 합하여 이루어진 모습이며, '먼저'나 '미리'라는 뜻을 가진 글자이다.

發자는 癶(등질 발), 弓(활 궁), 殳(창 수)가 합하여 이루어진 모습이며, '피다'나 '쏘다', '드러나다', '밝히다'라는 뜻을 가진 글자이다.

制자는 未(아닐 미), 刀(칼 도)가 합하여 이루어진 모습이며, '절제하다'나 '억제하다'라는 뜻을 가진 글자이다.

人자는 '사람'이나 '인간'이라는 뜻을 가진 글자로, 한자에서 가장 많이 쓰이는 글자이기도 하다.

● **키워드로 배우는 사자성어 : #꾀 #제압 #예방**

치산치수 治山治水 : 가뭄이나 홍수 따위의 재해를 입지 아니하도록 미리 예방함.

선즉제인 先則制人 : 남보다 앞서 일을 도모하면 능히 남을 누를 수 있다는 뜻

결승천리 決勝千里 : 교묘한 꾀를 써서 먼 곳에서 일어나는 싸움의 승리를 결정함.

先　發　制　人

"요즘처럼 경쟁이 치열한 세상에서 살아남기 위해서는,
실력과는 별개로 **선발제인**의 태도가 꼭 필요하다."

首邱初心

언덕에 머리를 두고
초심으로 돌아간다

강태공(姜太公)은 은나라 말기 어수선한 시절에 태어나 자신이 섬길 주인을 기다리며 백발노인이 될 때까지 매일 낚시만 하며 세월을 낚던 인물이다.

그러다 주나라의 문왕을 만나 문왕의 스승이 되었고 문왕의 경쟁자였던 은나라의 주왕을 멸망시켜 주나라가 천하의 패자가 되는 데 크게 도움을 주었다.

그리고 그 공적으로 강태공은 제나라를 봉함으로 받아 제나라의 시조가 되고 그곳에서 죽는다. 하지만 그를 포함해 5대손에 이르기까지 자손 모두 주나라 천자의 땅에 장사지내졌는데, 이를 두고 당시 사람들은 "음악은 그 자연적으로 발생하는 바를 즐기며, 예(禮)란 근본을 잊어서는 아니 되는 것이다. 여우가 죽을 때에 자기가 살던 곳으로 머리를 똑바로 하는 것은, 비록 짐승이지만 근본을 잊지 못하는 본능적인 행동이다."라고 말했다. 이것을 사람에게 비추어 보면 인(仁)에 적합하다는 것이다. 다시 말해 사람이나 짐승이나 태어난 자리로 돌아가는 것은 지극히 본능적이라는 의미다.

首丘初心

언덕[丘]에 머리[首]를 두고 초심[初][心]으로 돌아간다.
근본을 잃지 않음. 또는 고향을 그리워하는 마음을 이르는 말.

● **한자를 알면 문해력이 보여요**

首(수) : 머리 수, 9획, 부수 首　　丘(구) : 언덕 구, 5획, 부수 一
初(초) : 처음 초, 7획, 부수 刀　　心(심) : 마음 심, 4획, 부수 心

首자는 '머리'나 '우두머리'라는 뜻을 가진 글자로, 사람의 머리를 뜻하는 글자로 분류되어 있지만, 사실은 동물의 머리를 그린 것이다.

丘자는 '언덕'이나 '구릉'이라는 뜻을 가진 글자로, 작은 산을 그린 것이다.

初자는 衤(옷 의), 刀(칼 도)가 합하여 이루어진 모습으로, '처음'이나 '시작'이라는 뜻을 가진 글자이다.

心자는 '마음'이나 '생각', '심장', '중앙'이라는 뜻을 가진 글자이며, 사람이나 동물의 심장을 그린 것이다.

● **키워드로 배우는 사자성어 : #고향 #그리움**

금의환향 錦衣還鄕 : 출세를 하여 고향에 돌아가거나 돌아옴.
척호지정 陟岵之情 : 고향에 있는 부모를 그리워하는 마음.
호사수구 狐死首丘 : 고향을 그리워함을 이르는 말.

首 丘 初 心

이렇게 표현해요

"**수구초심**이라고,
나이가 드니 고향이 그립다."

수주대토

守株待兎

그루터기에 머물며
토끼를 기다리는 어리석음

『한비자(韓非子)』의 「오두편(五頭篇)」에 있는 이야기 중 하나다. 송나라의 어느 농부가 밭에서 일을 하고 있었다. 그때 토끼 한 마리가 갑자기 뛰어 오더니 밭 가운데 있는 그루터기에 몸을 부딪쳐 목이 부러져 죽는 것을 보았다. 토끼 한 마리를 공짜로 얻은 농부는 희희낙락하여 중얼거렸다.

"그래 지금부터 이곳에 가만있으면서 토끼가 그루터기에 부딪혀 죽기만을 기다리자."

농부는 매일 이곳에서 기다리기만 하면 큰 이득을 얻겠다고 생각하고 밭에 앉아 토끼가 오기만을 기다렸다. 그러나 토끼를 두 번 다시 만나지 못했다. 밭에는 잡초가 무성하였으며 결국 농사는 망치고 말았다.

한비자는 낡은 습관에 묶여 세상 변화에 대응하지 못하는 사람들을 이 이야기 속의 농부에 비유했다. 한비자(韓非子)가 살았던 시기는 전국시대 말기인데도 요순의 이상적인 왕도정치만을 숭배하며 그 시절로 돌아갈 것을 주장하는 사람이 많았다.

그는 시대의 변천은 돌고 도는 것이 아니라 진화하는 것이라 생각했으며 복고주의는 진화에 역행하는 어리석은 생각이라고 경고했다.

守株待兔

그루터기[株]에 머물며[守] 토끼[兔]를 기다리는[待] 어리석음.
어떤 착각에 빠져, 되지도 않을 일을 공연히 고집하는 어리석음을 비유하는 말.

● **한자를 알면 문해력이 보여요**

守(수) : 지킬 수, 6획, 부수 宀   株(주) : 그루 주, 10획, 부수 木
待(대) : 기다릴 대, 9획, 부수 彳   兔(토) : 토끼 토, 7획, 부수 儿

守자는 宀(집 면), 寸(마디 촌)이 합하여 이루어진 모습이며, '지키다'나 '다스리다'
라는 뜻을 가진 글자이다.

株자는 木(나무 목), 朱(붉을 주)가 합하여 이루어진 모습이며, '그루'나 '근본', '주
식'이라는 뜻을 가진 글자이다.

待자는 彳(조금 걸을 척), 寺(절 사)가 합하여 이루어진 모습이며, '기다리다'나 '대
우하다'라는 뜻을 가진 글자이다.

兔자는 본래 긴 귀와 짧은 꼬리를 가진 토끼가 쭈그리고 앉아 있는 모양을 본뜬
것이었으나, 지금의 자형(字形)으로 변했다.

● **키워드로 배우는 사자성어 : #고집 #어리석음**

각주구검 刻舟求劍 : 판단력이 둔하여 융통성이 없고 세상일에 어둡고 어리석
　　　　　　　　　다는 뜻
집의항언 執意抗言 : 자신의 의견을 고집하여 굽히지 않음을 이르는 말.
불분동서 不分東西 : 동서 방향을 가리지 못한다는 뜻으로, 사람이 어리석음을
　　　　　　　　　비유한 말.

"복권에 인생을 걸고 **수주대토**하며 요행을 기다리기보다는,
차라리 복권 살 돈을 저금하는 편이 더 나을 것이다."

識字憂患

글자를 아는 것이
오히려 우환

유비가 제갈량을 얻기 전에 병략을 짠 것은 서서(徐庶)였다. 그는 유비 휘하에 있으면서 조조를 무척 괴롭혔다. 그러한 이유로 조조는 서서가 효자라는 것을 알고 그의 어머니 위부인의 필체를 흉내 내어 서서로 하여금 그의 진중으로 오게 하였다.

"…서야, 서야. 별고 없느냐. 이 어미도 무사하다만 네 아우 강(康)이 일찍 세상을 떠난 탓에 외롭기 그지없구나. 게다가 조승상의 명을 받아 나는 허도로 불리워 왔다. 네가 역신과 어울렸다는 죄명으로 오랏줄을 받을 뻔했다만 다행히 정욱(程昱)의 힘으로 무사하게 되었다. 나는 지금 편안하다. 한시라도 빨리 어미 곁으로 오너라. 제발 너의 모습이라도 보여주려 므나."

편지는 정욱이 모사했다.
구구절절이 그리워하는 내용이어서 서서는 아니가볼 수도 없었다.
그러나 그를 본 어머니 위부인은 대경실색하며 말했다.
"오호라, 이 노릇을 어찌할거나. 여자가 글씨를 안다는 것 자체가 근심을 낳게 했구나(識字憂患)"

위부인은 자식의 앞길을 망친 것이 자신 때문이라고 탄식하였다.

識字憂患

글자[字]를 아는[識] 것이 오히려 우환[憂][患].
차라리 모르는 편이 나을 때가 있다는 뜻.

● 한자를 알면 문해력이 보여요

識(식) : 알 식, 19획, 부수 言   字(자) : 글자 자, 6획, 부수 子
憂(우) : 근심 우, 15획, 부수 心   患(환) : 근심 환, 11획, 부수 心

識자는 言(말씀 언), 戠(찰흙 치)가 합하여 이루어진 모습이며, '알다'나 '지식', '표시하다'라는 뜻을 가진 글자이다. 종이가 없었던 옛날에는 찰흙 위에 지식을 표기하곤 했다.

字자는 宀(집 면), 子(아들 자)가 합하여 이루어진 모습이며, '글자'나 '문자'라는 뜻을 가진 글자이다.

憂자는 頁(머리 혈), 冖(덮을 멱), 心(마음 심), 夊(뒤쳐져 올 치)가 합하여 이루어진 모습이며, '근심'이나 '걱정'이라는 뜻을 가진 글자이다.

患자는 串(꿸 관), 心(마음 심)이 합하여 이루어진 모습이며, '근심'이나 '걱정', '질병'이라는 뜻을 가진 글자이다.

박학다식 博學多識 : 학식이 넓고 아는 것이 많음.

목불식정 目不識丁 : '丁' 자를 보고도 그것이 '고무래'인 줄을 알지 못한다는 뜻

면목부지 面目不知 : 서로 얼굴을 전혀 모름.

● 멋지게 쓰기

이렇게 표현해요

"요즘처럼 정보가 넘치는 시대에는 몰라도 될 것을 알아서
판단을 그르치는 **식자우환**의 사례가 많다."

심원의마
心猿意馬

마음은 원숭이요
뜻은 말이라

불교의 경전에 이런 말이 있다.

"마음의 원숭이는 가만히 있지 못하고 생각의 말은 사방으로 달리며 신기(神氣)는 밖으로 어지럽게 흩어진다."

이것은 사람이 번뇌로 인하여 잠시도 마음의 생각을 가라앉히지 못하는 것을 경망한 원숭이와 함부로 날뛰는 말로 비유한 것이다. 그러므로 이 말은 불교 용어라기보다는 우리가 곁에 두고 항상 경계로 삼아야 할 격언과 같다.

양명학을 창시한 왕양명(王陽明)은 심원의마를 다음과 같이 설명하고 있다.

"처음에 배울 때는 마음이 원숭이 같고 생각이 말과 같아서 붙들어 맬 수가 없다."

다시 말해, 왕양명은 학문을 탐구 하는 목적이 지식을 구하는 것이 아니라 한 것이다. 학문을 하는 근본 목적은 지식보다는 심신을 안정시키는 것에 있다는 것이다.

이 말은 마음이 안정되지 못한 상태를 뜻하기도 한다.

心猿意馬

마음[心]은 원숭이[猿]요 뜻[意]은 말[馬]이라
마음이 안정되지 않아 생각을 집중할 수 없다는 말.

● **한자를 알면 문해력이 보여요**

心(심) : 마음 심, 4획, 부수 心   猿(원) : 원숭이 원, 13획, 부수 犭

意(의) : 뜻 의, 13획, 부수 心   馬(마) : 말 마, 10획, 부수 馬

心자는 '마음'이나 '생각', '심장', '중앙'이라는 뜻을 가진 글자로, 사람이나 동물의 심장을 그린 것이다.

猿자는 뜻을 나타내는 犭(개사슴록변 견)과 음을 나타내는 袁(성씨 원)이 합하여 이루어진 글자이다.

意자는 音(소리 음), 心(마음 심)이 합하여 이루어진 모습이며, '뜻'이나 '의미', '생각'이라는 뜻을 가진 글자이다.

馬자는 갑골문을 보면 '말'의 모양을 본뜬 모습으로, 말의 특징을 표현하기 위해 큰 눈과 갈기가 함께 그려져 있으며, '말'을 뜻하는 글자이다.

● **키워드로 배우는 사자성어 : #마음 #집중**

상사일념 相思一念 : 서로 그리워하는 한결같은 마음을 이르는 말.

정인군자 正人君子 : 마음씨가 올바르며 학식과 덕행이 높고 어진 사람.

독서삼매 讀書三昧 : 다른 생각은 전혀 아니 하고 오직 책 읽기에만 골몰하는 경지.

이렇게 표현해요

"이번엔 공부를 많이 했지만, 시험 보는 내내
'심원의마' 하여 실력을 제대로 발휘하지 못했다."

眼中之釘

눈에
못이 박히다

    당나라 말기에 절도사 조재례(趙在禮)라는 탐관오리가 있었다. 그는 원래 하북절도사 유인공(劉仁恭) 밑에 일하던 무관이었으나, 백성들에게서 빼앗은 재물을 고관들에게 바쳐 후양(後梁)·후당(後唐)·후진(後晉)의 삼대에 걸쳐 절도사를 역임했다고 한다.

    그런 그가 송주 땅에서 백성들의 고혈을 짜내더니 영흥 절도사로 옮겨가게 되었다. 백성들은 눈에 박힌 못이 빠진 것 같다고 환호했다. 소문을 들은 조재례는 발끈하여 1년만 송주에 있게 해달라고 조정에 청했다. 결국 그 청이 받아들여져 송주에 더 있게 되자, "눈에 박힌 못을 빼려거든 1천 전을 써라. 그렇게 하면 이곳 송주를 떠나주마."라며, 백성들을 다그쳤다. 그렇게 1년 동안에 1백만 관(1관이 천 전)의 돈을 거둬들였다고 한다.

眼中之釘

눈[眼]에 못[釘]이 박히다[中]
눈엣가시 또는 남에게 심한 해를 끼치는 사람.

● 한자를 알면 문해력이 보여요

眼(안) : 눈 안, 11획, 부수 目   中(중) : 가운데 중, 4획, 부수 丨
之(지) : 갈 지, 4획, 부수 丿   釘(정) : 못 정, 10획, 부수 金

眼자는 目(눈 목), 艮(그칠 간)이 합하여 이루어진 모습이며, '눈'이나 '눈동자'라는
뜻을 가진 글자이다.

中자는 '가운데'나 '속', '안'이라는 뜻을 가진 글자로, 이전에는 무언가를 꿰뚫는
모습을 그렸던 것으로 해석했었다.

之자는 '가다'나 '~의', '~에'와 같은 뜻으로 쓰이는 글자로, 사람의 발을 그린
것이다.

釘자는 金(쇠 금), 丁(고무래 정)이 합하여 이루어진 모습으로, '못', '(못을)박다'라는
뜻을 가진 글자이다.

● 키워드로 배우는 사자성어 : #눈 #못

안하무인 眼下無人 : 눈에 보이는 사람이 없다는 뜻으로, 방자하고 교만하여 다
른 사람을 업신여김.
참정철절 斬釘截鐵 : 못을 부러뜨리고 쇠를 자른다는 뜻으로, 과감하게 일을 처
리함.
발안중정 拔眼中釘 : 눈에 박힌 못을 뽑듯이 눈에 가시 같은 간신을 제거함.

眼　中　之　釘

이렇게 표현해요

"그는 매번 상사의 의견에 노골적으로 반대하여,
안중지정의 인물로 찍혀 있다."

殃及池魚

재앙이
연못 속의 고기에 미치다

　춘추시대 송나라에 사마환(司馬桓)이라는 이가 있었다. 그는 대단히 훌륭한 보주(寶珠)를 가지고 있었는데 죄를 짓자 잽싸게 그것을 가지고 도망쳤다.

　왕은 평소에 그가 귀한 물건을 가지고 있다는 말을 들었으므로 그를 찾아내 보주의 행방을 물었다.

　"보주를 내놓는다면 목숨만은 살려주마."

　"내게 없습니다."

　"어디에 두었느냐?"

　"몸을 피할 때에 연못 속에 던져버렸습니다."

　"흐음, 연못이라. 어디에 있는 연못이냐?"

　"예전에 소신이 살던 집의 연못입니다."

　"알았도다."

　왕은 곧 많은 사람을 동원하여 연못의 물을 퍼내게 하였다. 그러나 보주는 없고 애꿎은 물고기만 죽게 하였다. 이는 특별한 잘못이 없는데도 예기치 않게 닥친 재난을 의미한다.

殃及池魚

재앙[殃]이 연못[池] 속의 고기[魚]에 미치다[及]

까닭 없이 화를 당함을 비유한 말.

● 한자를 알면 문해력이 보여요

殃(앙) : 재앙 앙, 9획, 부수 歹　　及(급) : 미칠 급, 4획, 부수 又

池(지) : 못 지, 6획, 부수 氵　　魚(어) : 물고기 어, 11획, 부수 魚

殃자는 歹(뼈 알), 央(가운데 앙)이 합하여 이루어진 모습이며, '재앙'이나 '하늘의 벌'이라는 뜻을 가진 글자이다.

及자는 '미치다'나 '이르다'라는 뜻을 가진 글자로, 여기서 말하는 '미치다'라는 것은 어떠한 지점에 '도달하다'라는 뜻이다.

池자는 水(물 수), 也(또 야)가 합하여 이루어진 모습이며, '연못'이나 '도랑'이라는 뜻을 가진 글자이다.

魚자는 ⺈(칼도 도), 田(밭 전), 灬(연화발 화)이 합하여 이루어진 모습으로, 물고기를 본뜬 것으로 '물고기'라는 뜻을 가진 글자이다.

● 키워드로 배우는 사자성어 : #재난 #재앙 #화

전도다난 前途多難 : 앞길이나 앞날에 어려움이나 재난이 많음.

지어지앙 池魚之殃 : 아무런 상관도 없는데 재앙을 입었다는 뜻.

언유소화 言有召禍 : 말은 화를 부름이 있다는 뜻으로, 말은 이따금 화단을 불러 올 수 있음.

이렇게 표현해요

"팀원 한 명의 실수로 인해 전체 프로젝트가 **앙급지어**를 당했다."

仰天大笑

하늘을 쳐다보며
크게 웃음

　제(齊)나라 위왕(威王)이 정치를 잘못하여 주변 나라들이 침공해 오더니 왕 8년에는 초나라의 군사가 쳐들어왔다. 조정 대신들은 조나라에 사신을 보내야 한다고 서둘렀다. 그렇게 하여 찾아낸 적임자가 순우곤(淳于髡)이었다.

　"나라가 어려움에 부닥쳤으니 어서 가라. 과인이 백 근의 금과 네 필의 말을 준비했노라."

　순우곤이 하늘을 향해 크게 웃자 왕이 그 연유를 물었다. 순우곤은 표정을 굳히며 말했다.

　"신이 궁에 들어올 때 길가에서 농사가 잘되기를 기원하는 농부를 보았습니다. 그 농부는 돼지 발굽 하나와 술 한 병을 놓고 빌고 있었는데 땅이 무척 거칠었습니다. 거친 땅에서나마 농사가 잘되기를 기원하는 것이지요. 마마, 신이 보기엔 그렇습니다. 그 농부가 신(神)에게 올리는 제물은 빈약하기 이를 데 없는데 원하는 것은 너무 크지 않습니까?"

　왕은 즉시 깨달았다. 그제야 가져갈 예물로 황금 천 근과 거마 백 마리를 내놓았다.

仰天大笑

하늘[天]을 쳐다보며[仰] 크게[大] 웃음[笑]

하늘을 쳐다보고 크게 웃음. 어이가 없어 크게 웃는다는 의미.

● **한자를 알면 문해력이 보여요**

仰(앙) : 우러를 앙, 6획, 부수 亻 　　天(천) : 하늘 천, 4획, 부수 大

大(대) : 큰 대, 3획, 부수 大 　　　　笑(소) : 웃음 소, 10획, 부수 竹

仰자는 人(사람 인), 卬(나 앙)이 합하여 이루어진 모습이며, '우러러 보다'나 '경모하다'라는 뜻을 가진 글자이다.

天자는 大(큰 대), 一(한 일)이 합하여 이루어진 모습이며, '하늘'이나 '하느님', '천자'라는 뜻을 가진 글자이다.

大자는 '크다'나 '높다', '많다', '심하다'와 같은 다양한 뜻으로 쓰이는 글자로, 갑골문을 보면 양팔을 벌리고 있는 사람이 그려져 있다.

笑자는 竹(대나무 죽), 夭(어릴 요)가 합하여 이루어진 모습이며, '웃음'이나 '웃다', '조소하다'라는 뜻을 가진 글자이다.

● **키워드로 배우는 사자성어 : #웃음**

파안대소 破顔大笑 : 즐거운 표정으로 한바탕 크게 웃음.

박장대소 拍掌大笑 : 손뼉을 치면서 크게 웃음.

간간대소 衎衎大笑 : 얼굴에 기쁜 표정을 지으며 크게 소리 내어 웃음.

이렇게 표현해요

"토익 점수가 300점인 영식이가 한 달 만에
900점을 달성하겠다고 하니, 옆에 있던 민수가 **'앙천대소'**하였다."

羊頭狗肉

양두구육

양 머리에
개의 고기

　양의 머리를 걸어 놓고 실제로는 개고기를 판다는 뜻으로, 좋은 물건을 간판으로 내세우고 나쁜 물건을 팔거나, 표면으로는 그럴듯한 대의명분을 내걸었으나 이면에는 좋지 않은 본심이 들어 있음을 일컫는다.

　제(齊) 나라 영공(靈公)은 궁중의 여인들을 남자처럼 변장시켜 놓고 즐기는 괴이한 버릇이 있었다. 곧 이 사실은 일반 사람들에게도 퍼져 남장 여인이 나라 안 도처에 퍼져 나갔다. 이 소문을 들은 영공은 궁중 밖에서 여자들이 남장하는 것을 왕명으로 금지시켰는데 이 영이 잘 시행되지 못했다. 그래서 왕은 왕명이 시행되지 않는 이유를 물었다.

　그 까닭을 묻는 왕에게 안영(晏嬰)은 이렇게 말했다.

　"궁중 안에서는 남장 여인을 허용하면서 궁 밖에서는 금하시는 것은 마치 양의 머리를 문에 걸어놓고 안에서는 개고기를 파는 것과 같습니다. 궁중 안에서 먼저 남장을 금한다면 밖에서도 이를 따를 것입니다."

　영공은 안영의 말대로 궁중에서도 여자가 남장하는 것을 금하게 하였더니 한 달이 못 되어 온 나라 안에 남장 여인은 없어졌다고 한다. 맹자는 '임금의 덕은 바람이요, 백성은 풀이므로 풀 위에 바람이 불면 풀은 바람 부는 대로 쓰러진다.'라고 했는데 '양두구육'에서도 그 뜻을 찾아볼 수 있다.

羊頭狗肉

양[羊] 머리[頭]에 개[狗]의 고기[肉]

겉으로는 훌륭한 듯이 내세우지만 속은 보잘것없음을 이르는 말.

● 한자를 알면 문해력이 보여요

羊(양) : 양 양, 6획, 부수 羊   頭(두) : 머리 두, 16획, 부수 頁

狗(구) : 개 구, 8획, 부수 犭   肉(육) : 고기 육, 6획, 부수 肉

羊자는 '양'이나 '상서롭다'라는 뜻을 가진 글자로, 양의 머리를 정면에서 바라본 모습을 그린 것으로 구부러진 뿔의 특징이 나타나 있다.

頭자는 豆(콩 두), 頁(머리 혈)이 합하여 이루어진 모습이며, '머리'나 '꼭대기', '처음'이라는 뜻을 가진 글자이다.

狗자는 犬(개 견), 句(글귀 구)가 합하여 이루어진 모습이며, '개'나 '강아지'라는 뜻을 가진 글자이다.

肉자는 고깃덩어리에 칼집을 낸 모양을 그린 것으로 '고기'나 '살', '몸'이라는 뜻을 갖고 있다.

구밀복검 口蜜腹劍 : 입으로는 달콤함을 말하나 뱃속에는 칼을 감추고 있다는
　　　　　　　　　　　뜻.
동상이몽 同床異夢 : 같은 침상에서 서로 다른 꿈을 꾼다는 뜻.
면종복배 面從腹背 : 겉으로는 순종하는 체하고 속으로는 딴마음을 먹음.

● 멋지게 쓰기

이렇게 표현해요

"이번 정부의 공약은 **양두구육**일 뿐, 지난 정부와
크게 다르지 않는 것 같다."

양약고구

良藥苦口

좋은 약은
입에 쓰다

『사기(史記)』의 「유후세가(留侯世家)」에 의하면, 초나라의 항우와 한나라의 유방은 진(秦)나라의 관중에 들어가는 사람이 왕이 되기로 약속했다. 운이 좋게 함양에 들어간 유방은 진나라의 호화스러운 모습에 넋이 달아날 지경이었다. 궁 안 곳곳에는 화용월태의 미녀들이 구름처럼 모여있었으니 호색하던 유방은 그냥 눌러앉고 싶었다. 번쾌(樊噲)가 떠나자고 했으나 듣지 않자 이번에는 장량이 나섰다.

"진나라가 하늘의 뜻을 져버리고 폭정을 하다가 오늘에 이르렀습니다.

그러므로 패공(沛公;유방)께서는 이렇듯 궁에 들어올 수 있었습니다. 모름지기 천하를 얻기 위해서는 이러한 작은 유혹을 물리쳐야 합니다. 또한, 백성들을 어루만지며 상복을 입고 그들을 격려해 주어야 합니다. 그렇지 않고 진나라의 보물이나 미인을 수중에 넣는다면 포악한 진나라 임금과 다를 게 무엇이겠습니까. 옛말에 이르기를 '충언은 귀에 거슬려도 행실에 이롭고 양약은 입에 쓰나 병에 이롭다고 했습니다. 부디 번쾌의 말을 들어주십시오."

그제야 유방은 지체 없이 궁을 떠났다.

202

良藥苦口

좋은[良] 약은[藥] 입에[口] 쓰다[苦]

좋은 약은 입에 쓰다는 뜻으로, 충언은 귀에 거슬린다는 말.

● **한자를 알면 문해력이 보여요**

良(양) : 어질 양, 7획, 부수 艮   藥(약) : 약 약, 18획, 부수 艹

苦(고) : 쓸 고, 8획, 부수 艹   口(구) : 입 구, 3획, 부수 口

良자는 '어질다'나 '좋다', '훌륭하다'라는 뜻을 가진 글자로, 艮(그칠 간)이 부수로 지정되어 있지만 아무 관계가 없다.

藥자는 艹(풀 초), 樂(노래 악)이 합하여 이루어진 모습이며, '약'이나 '약초'라는 뜻을 가진 글자이다.

苦자는 艹(풀 초), 古(옛 고)가 합하여 이루어진 모습이며, '쓰다'나 '괴롭다'라는 뜻을 가진 글자이다.

口자는 '입'이나 '입구', '구멍'이라는 뜻을 가진 글자로, 사람의 입 모양을 본떠 그린 것이기 때문에 '입'이라는 뜻을 갖게 되었다.

● **키워드로 배우는 사자성어 : #충언 #말**

역이지언 逆耳之言 : 귀에 거슬리는 말이라는 뜻으로, 신랄한 충고를 이르는 말.

정문일침 頂門一鍼 : 정수리에 침을 놓는다는 뜻으로, 따끔한 충고나 교훈을 이르는 말.

난언지경 難言之境 : 밝혀 말하기 어려운 경우나 처지.

이렇게 표현해요

"친구의 말이 기분 나쁘게 들리겠지만, 틀린 말은 아니기에
'양약고구'로 받아들여야 한다."

어부지리

漁夫之利
 어부가
 이익을 얻다

　전국시대 제(齊)나라에 군사를 파병한 연(燕)나라는 식량이 부족한 사태가 발생해서 난감한 상황에 빠지고, 이 소식을 접한 조(趙)나라의 혜문왕(惠文王)은 연나라를 공격하기 위한 준비를 서두른다.

　조나라가 또 연나라를 공격하려고 하자 이 소식을 들은 연나라의 왕은 제자백가 중 한 명인 소진(蘇秦)의 동생 소대(蘇代)에게 혜문왕을 설득해 줄 것을 부탁하고 이에 소대는 조나라 혜문왕을 찾아가 이런 이야기를 한다.

　"제가 조나라로 오는 도중 역수를 지나가다 강변에서 큰 조개가 살을 들어내고 햇볕을 쬐고 있는 것을 보았습니다. 그때 도요새가 나타나 조개의 살을 쪼아대자 조개는 껍데기를 닫아 도요새의 부리를 꽉 물었습니다. 그때 도요새가 '오늘도 비가 오지 않고 내일도 비가 오지 않는다면 너는 말라 죽고 말 것이다'라고 하자, 큰 조개는 '내가 오늘도 널 놓지 않고 내일도 놓지 않으면 너야말로 죽고 말 것이야'라고 말하며 서로 지려고 하지 않았습니다. 이렇게 서로 옥신각신하는데 지나가던 어부가 그 둘을 냉큼 잡아갔습니다. 지금 조나라와 연나라가 서로 물어뜯고 싸운다면 강한 진나라가 어부가 되지 않을까 저는 그것이 걱정입니다."

이 말을 들은 조나라 혜문왕은 연나라를 공격하려는 것을 취소했다고 한다. 결국, 어부지리는 두 사람이 맞붙어 싸우는 바람에 엉뚱하게 제3자가 덕을 본다는 뜻으로 쓰인다. 이 고사에서 나오는 내용을 보고 방휼지쟁(蚌鷸之爭)이라는 사자성어도 만들어졌는데 방(조개), 휼(도요새)의 싸움이라는 뜻으로 제3자가 이득을 보는 어부지리와 같은 의미로 쓰인다.

漁夫之利

어부[漁][夫]가 이익[利]을 얻다
두 사람이 다투고 있는 사이에 이 일과 아무 관계도 없는 제3자가 이익을 보게 됨을 이르는 말.

● 한자를 알면 문해력이 보여요

漁(어) : 고기 잡을 어, 14획, 부수 氵　　夫(부) : 사내/지아비 부, 4획, 부수 大
之(지) : 갈 지, 4획, 부수 丿　　　　利(리) : 이로울 리, 7획, 부수 刂

漁자는 水(물 수), 魚(고기 어)가 합하여 이루어진 모습이며, '물고기를 잡다'나 '사냥하다'라는 뜻을 가진 글자이다.

夫자는 大(큰 대), 一(한 일)이 합하여 이루어진 모습이며, '지아비'나 '남편', '사내'라는 뜻을 가진 글자이다.

之자는 '가다'나 '~의', '~에'와 같은 뜻으로 쓰이는 글자로, 사람의 발을 그린 것이다.

利자는 禾(벼 화), 刀(칼 도)가 합하여 이루어진 모습으로, '이롭다'나 '유익하다', '날카롭다'라는 뜻을 가진 글자이다.

● 키워드로 배우는 사자성어 : #제삼자 #어부 #이익

견토지쟁 犬兔之爭 : 개와 토끼의 다툼이라는 뜻으로, 양자의 싸움에서 제3자가 이익을 봄.
방휼지쟁 蚌鷸之爭 : 도요새가 조개와 다투다가 다 같이 어부에게 잡히고 말았다는 뜻.
어인득리 漁人得利 : 고기 잡는 사람이 이익을 얻음을 뜻함.

● 멋지게 쓰기

이렇게 표현해요

"두 회사가 계약을 놓고 다투는 동안에
다른 회사가 **어부지리**로 계약이 성사가 되었다."

玉石俱焚

옥과 돌이 함께
불타는 것

　'옥석구분(玉石俱焚)'이라는 성어의 출처는 고대 중국의 고전 『서경(書經)』에 있다. 한 지방의 왕이 나라를 잘 다스리려 했으나 그 주변에 악한 조언자들이 많아 이를 착한 사람들과 함께 처단해야할 때 '옥석구분(玉石俱焚)'이란 말을 썼다고 한다. 옥(玉)과 돌(石)이 함께 불타 버린다는 뜻으로, 착한 사람이나 악한 사람이 함께 망함을 이르는 말이다. 다만, 주의할 것은, '옥석(玉石)을 구분(區分)해야 한다(옥석을 가려야 한다)'는 말과 혼동해선 안 된다는 것이다. 이는 옳은 것과 그른 것, 살려야 할 것과 버려야 할 것을 가려야 한다는 뜻이므로 옳은 것과 그른 것이 함께 망한다는 뜻의 '옥석구분(玉石俱焚)'과 뜻이 다소 다르다.

玉石俱焚

옥[玉]과 돌[石]이 함께[俱] 불타[焚]는 것
착한 사람이나 악한 사람이 함께 망함을 이르는 말.

玉(옥) : 구슬 옥, 5획, 부수 玉   石(석) : 돌 석, 5획, 부수 石
俱(구) : 함께 구, 10획, 부수 亻   焚(분) : 불사를 분, 12획, 부수 火

玉자는 세 개의 구슬을 끈으로 꿴 모양이다. 처음에는 王(왕)으로 썼으나 나중에
丶(점)을 더하여 王(왕)과 구별하였다.

石자는 '돌'이나 '용량 단위'로 쓰이는 글자며, 石자의 좌측 부분은 벼랑이나 산
기슭을 뜻하는 厂(산기슭 엄)자가 변한 것이고 그 아래로는 떨어져 있는 돌덩어리
가 그려진 것이다.

俱자는 人(사람 인), 具(갖출 구)가 합하여 이루어진 모습으로, '함께'나 '모두'라는
뜻을 가진 글자다.

焚자는 火(불 화), 林(수풀 림)이 합하여 이루어진 모습으로 '불사르다'라는 뜻을 가
진 글자다.

● 키워드로 배우는 사자성어 : #불태움 #옥 #돌

난애동분 蘭艾同焚 : 난초와 쑥을 함께 불태운다.
옥석동궤 玉石同櫃 : 옥과 돌이 한 궤짝 속에 있다는 뜻.
옥석혼효 玉石混淆 : 옥과 돌이 함께 뒤섞여 있다는 뜻.

玉 石 俱 焚

이렇게 표현해요

"팀원 중 한 사람만 안이한 생각을 품게 되면
팀 전체가 **옥석구분**하게 된다."

臥薪嘗膽

섶나무 위에 눕고
쓸개를 맛봄

춘추전국시대 오나라 왕 합려(闔閭)는 월나라에 쳐들어갔다. 그러나 합려는 그 싸움에서 패하고 독화살에 맞아 죽으며 아들인 부차(夫差)에게 "너는 구천(句踐)이 이 아비를 죽인 원수라는 것을 잊지 말아라."라는 유언을 남겼다.

부차는 나라에 돌아오자 섶 위에서 잠을 자며, 방문 앞에 사람을 세워 두고 출입할 때마다 "부차야 아비 죽인 원수를 잊었느냐."라고 외치게 하였다.

이런 부차의 소식을 듣고 먼저 쳐들어온 월나라 왕 구천은 회계산에서 항복을 하게 된다. 구천은 내외가 포로가 되어 3년 동안 부차의 노복으로 일하는 등 갖은 모욕과 고초를 겪은 뒤에야 겨우 자기 나라로 돌아올 수 있었다. 구차는 돌아오자 잠자리 옆에 쓸개를 매달아 놓고 항상 그 쓴맛을 되씹으며 자신의 치욕적 패배를 잊지 않고자 자신을 채찍질했다.

이로부터 20년이 흐른 후 월나라 왕 구천이 오나라를 쳐 이기고 부차로 하여금 자살하게 하였다. 와신상담은 부차의 와신, 즉 섶나무에 누워 잔 것과 구천의 상담, 즉 쓸개를 맛본 것이 합쳐서 된 말로 원수를 갚기 위해 굳은 결심을 하고 어려움을 참고 견디는 것을 이르는 말이다.

臥薪嘗膽

섶나무[薪] 위에 눕고[臥] 쓸개[膽]를 맛봄[嘗]

실패한 일을 다시 이루고자 굳은 결심을 하고 어려움을 참고 견디는 것을 이르는 말.

● 한자를 알면 문해력이 보여요

臥(와) : 누울 와, 8획, 부수 臣　　薪(신) : 섶나무 신, 17획, 부수 艹

嘗(상) : 맛볼 상, 14획, 부수 口　　膽(담) : 쓸개 담, 17획, 부수 月

臥자는 臣(신하 신), 人(사람 인)이 합하여 이루어진 모습이며, '엎드리다'나 '눕다' 라는 뜻을 가진 글자이다.

薪자는 뜻을 나타내는 艹(초두머리 초)와 음을 나타내는 新(새로울 신)이 합하여 이루어진 글자이다.

嘗자는 尙(오히려 상), 旨(뜻 지)가 합하여 이루어진 모습이며, '맛보다'나 '경험하다'라는 뜻을 가진 글자이다.

膽자는 뜻을 나타내는 月(육달 월)과 음을 나타내는 詹(넉넉할 담)으로 이루어진 글자이며, '쓸개'라는 뜻을 가지고 있다.

● 키워드로 배우는 사자성어 : #실패 #결심

부답복철 不踏覆轍 : 앞사람의 실패를 되풀이하지 않음을 이르는 말.

만무일실 萬無一失 : 실패하거나 실수할 염려가 조금도 없음.

작심삼일 作心三日 : 먹은 마음이 사흘을 가지 못한다는 뜻으로, 결심이 굳지 못함.

臥　薪　嘗　膽

이렇게 표현해요

"국회의원 선거에 낙마한 신대표는
와신상담하며 다음 기회를 노렸다."

樂山樂水

산을 좋아하고
물을 좋아함

『논어(論語)』에 나오는 '인자요산(仁者樂山) 지자요수(知者樂水)'라는 문장으로 잘 알려져 있다. 어진 사람은 산을 좋아하고 슬기로운 사람은 물을 좋아한다는 뜻이다. 그리고 이런 문장이 뒤를 잇는다.

'슬기로운 사람은 움직이고, 어진 사람은 고요하다(知者動 仁者靜)'

대체적인 풀이는 슬기로운 사람은 지혜롭기 때문에 항상 변화를 추구하고 그래서 쉬지 않고 흐르는 물을 좋아하는데, 어진 사람은 심지를 한 곳에 굳히고 쉽게 움직이지 않아 제자리에 굳건히 서 있는 산을 좋아한다는 것이다.

이때 조심해야 할 글자가 요(樂)인데, 보통 세 가지의 뜻과 음을 가지고 있다.

- 즐길 락(나) : 낙천적(樂天的), 쾌락(快樂), 오락(娛樂)
- 풍류 악 : 음악(音樂), 악기(樂器)
- 좋아할 요 : 애요(愛樂)

樂山樂水

산[山]을 좋아[樂]하고 물[水]을 좋아[樂]함
산수 경치를 좋아함을 이르는 말.

樂(요) : 좋아할 요, 15획, 부수 木　　山(산) : 뫼 산, 3획, 부수 山
樂(요) : 좋아할 요, 15획, 부수 木　　水(수) : 물 수, 4획, 부수 水

樂자는 木(나무 목), 絲(실 사)가 합하여 이루어진 모습이며, '음악'이나 '즐겁다'라는 뜻을 가진 글자이다.

山자는 '뫼'나 '산', '무덤'이라는 뜻을 가진 글자로, 육지에 우뚝 솟은 세 개의 봉우리를 그린 것으로 '산'을 형상화한 상형문자이다.

樂자는 '木(나무 목), 絲(실 사)가 합하여 이루어진 모습이며, '음악'이나 '즐겁다'라는 뜻을 가진 글자이다.

水자는 '물'이나 '강물', '액체'라는 뜻을 가진 글자이다. 글자 모양 가운데의 물줄기와 양쪽의 흘러가는 모습을 본뜬 글자로 물과 관련된 상태나 동작과 관련된 의미로 사용한다.

풍광명미 風光明媚 : 자연의 경치가 맑고 아름다움.
산명수려 山明水麗 : 산수의 경치가 아름다움을 이르는 말.
총명호학 聰明好學 : 재주가 있고 영리하며 학문을 좋아함.

이렇게 표현해요

"정신없이 바쁘게만 살지 말고,
잠시 **요산요수**의 여유를 만끽해보는 것은 어떨까?"

용두사미

龍頭蛇尾

용의 머리에
뱀의 꼬리

　육주(陸州) 용흥사(龍興寺)의 승려 진존자(陳尊者)는 도를 깨치기 위해 절을 떠나 천하를 방랑했는데, 나그네를 위해서 짚신을 삼아 길에 걸어 두고 다녔다고 한다. 이러한 진존자가 연로해졌을 때였다. 하루는 중을 한 사람 만났는데 눈빛이 몹시 날카로워 예사롭지가 않았다. 더구나 그는 '에잇!'하는 기합만을 낼 뿐으로 그다음의 행동은 이어가지를 않았다. 그러나 모양새가 너무 근엄하여 마치 도를 닦은 고승처럼 생각되었다. 이때 진존자의 머리에 스쳐 가는 것이 있었다. 이 스님의 행동은 겉으로 보면 굉장히 도력이 높은 것 같으나 실제로 그렇지 못하다는 결론을 지었다. "이 사람은 그럴 듯하나 진면목은 다를 것이다. 모르긴 해도 분명 용의 머리에 뱀의 꼬리이기가 쉬울 것이야" 라고 생각했다.

　진존자는 또 이렇게 말했다.

　"스님께서는 계속 기합만 지르시는 데 결론은 언제 짓습니까?"

　그때서야 그 스님은 할 말을 잃고 슬그머니 떠나버렸다고 한다.

　'용두사미'는 처음은 그럴듯하게 시작했지만, 끝이 흐지부지되는 경우를 빗대어 표현하는 말이다.

龍頭蛇尾

용[龍] 머리[頭]에 뱀[蛇]의 꼬리[尾]

처음은 좋으나 끝이 좋지 않음을 비유적으로 이르는 말.

龍(용) : 용 용(룡), 16획, 부수 龍   頭(두) : 머리 두, 16획, 부수 頁

蛇(사) : 뱀 사, 11획, 부수 虫   尾(미) : 꼬리 미, 7획, 부수 尸

龍자는 '용'이나 '임금'이라는 뜻을 가진 글자이며, 용은 소의 머리와 뱀의 몸통, 독수리 발톱과 같이 다양한 동물들의 신체를 조합해 만든 상상의 동물이다.

頭자는 豆(콩 두), 頁(머리 혈)이 합하여 이루어진 모습이며, '머리'나 '꼭대기', '처음'이라는 뜻을 가진 글자이다.

蛇자는 虫(벌레 충), 它(다를 타)가 합하여 이루어진 모습이며, '뱀'이라는 뜻을 가진 글자이다.

尾자는 尸(주검 시), 毛(털 모)가 합하여 이루어진 모습이며, '꼬리'나 '끝'이라는 뜻을 가진 글자이다.

유두무미 有頭無尾 : 머리는 있어도 꼬리가 없다는 뜻.

호두사미 虎頭蛇尾 : 범의 머리에 뱀의 꼬리라는 뜻.

장두은미 藏頭隱尾 : 머리를 감추고 꼬리를 숨긴다는 뜻

이렇게 표현해요

"과감한 개혁을 시도하는 것처럼 보였으나
결국 **용두사미**로 그쳤다."

유능제강

柔能制剛

부드러움이 강한 것을
능히 제압한다

『황석공소서(黃石公素書)』에 다음과 같은 말이 있다.

"부드러운 것이 능히 단단한 것을 이기고, 약한 것이 능히 강한 것을
이긴다."

부드러운 것이 강한 것을 이긴다는 것은 상당한 시간을 두고 비유로
써 하는 말이다. 예를 들면 이는 모든 음식물을 분쇄시킬 수 있는 단단
한 특성이 있다. 그러나 세월이 흐르면 이(齒)는 닳아 빠지지만, 혀는 그
렇지가 않다.

노자의『도덕경(道德經)』에서는 '약한 것이 강한 것을 이긴다(柔弱勝强)'
고 했으며,『군참(軍讖)』이라는 병서에서도 '부드러움이 능히 강함을 제
어할 수 있다(柔能制剛)'고 하였다.

부드러운 것은 지극히 아름다운 덕이다.

柔能制剛

부드러움[柔]이 강한[剛] 것을 능히[能] 제압[制]한다.
부드러운 것이 능히 강한 것을 이긴다.

● 한자를 알면 문해력이 보여요

柔(유) : 부드러울 유, 9획, 부수 木　　能(능) : 능할 능, 10획, 부수 月
制(제) : 절제할 제, 8획, 부수 刂　　剛(강) : 굳셀 강, 10획, 부수 刂

柔자는 木(나무 목)과 矛(창 모)가 합하여 이루어진 모습이며, '부드럽다'나 '연약하다'라는 뜻을 가진 글자이다. 창이 달린 막대는 탄성이 있어야 하므로, 여기에서 '부드럽다'의 뜻을 연상해낼 수 있다.

能자는 갑골문에서 곰의 모양을 본뜬 것으로, 곰의 재주로 인해 '능하다'나 '할 수 있다'는 뜻을 가진 글자가 되었다.

制자는 未(아닐 미), 刀(칼 도)가 합하여 이루어진 모습이며, '절제하다'나 '억제하다'라는 뜻을 가진 글자이다.

剛자는 岡(산등성이 강), 刀(칼 도)가 합하여 이루어진 모습이며, '굳세다'나 '강직하다'라는 뜻을 가진 글자이다.

● 키워드로 배우는 사자성어 : #강함 #부드러움

유능승강 柔能勝剛 : 유한 것이 강한 것을 이긴다는 뜻.
내유외강 內柔外剛 : 속은 부드러우나 겉으로 보기에는 강함.
약이능강 弱而能强 : 겉보기는 약한 듯하나 내실은 매우 강함을 이르는 말.

이렇게 표현해요

"가끔은 문제를 해결하는 데 있어 **유능제강**의
방식이 효과적일 수 있다는 것을 깨달았다."

유비무환

有備無患

사전에 준비가 있어야
근심이 없다

『서경(書經)』「열명(說名)」편은 기원전 11세기 은나라 고종(高宗)이 부열(傳說)이란 재상을 얻게 된 경위와 부열의 정치 견해를 기록한 글이다.

여기에 이런 내용이 있다.

"생각이 옳으면 이를 행동으로 옮기되, 옮기는 것을 시기에 맞게 하십시오. 또한 능한 것을 자랑하게 되면 그 공을 잃게 됩니다. 모든 일은 나름대로 그 갖춘 것이 있는 법이니, 갖춘 것이 있어야 근심이 없게 됩니다."

그런가하면『춘추좌씨전(春秋左氏傳)』에는 이런 내용이 있다.

진(陳)나라가 송, 제, 위, 노 등 12개 나라와 연합해 정(鄭)나라를 공격했다. 이에 다급해진 정나라는 진나라에 급히 화해를 요청했다. 진나라가 화의를 받아들이자 다른 나라들도 모두 군사를 철수시켰다. 그리고, 정나라는 진나라에 진귀한 보물을 선물로 보냈다. 그러자 진나라 왕은 전쟁에서 가장 공이 컸던 위강(魏絳)이라는 신하에게 정나라가 보낸 선물의 반을 상으로 주었다.

하지만 위강은 이를 사양하면서 다음과 같이 말했다.

"무릇 평안히 지낼 때에는 항상 위태로움을 생각해야 하고, 위태로움을 생각하게 되면 항상 준비가 있어야 합니다. 충분한 준비가 있으면 그제야 근심과 재난이 없을 것입니다."

일시적인 전쟁 승리에 마음이 풀어진 왕을 다시 한번 일깨워 준 것이다.

有備無患

사전에 준비[備]가 있어[有]야 근심[患]이 없다[無]
미리 준비가 되어 있으면 우환을 당하지 아니함.

● **한자를 알면 문해력이 보여요**

有(유) : 있을 유, 6획, 부수 月　　備(비) : 갖출 비, 12획, 부수 亻

無(무) : 없을 무, 12획, 부수 灬　　患(환) : 근심 환, 11획, 부수 心

有자는 又(또 우), 月(육달 월)이 합하여 이루어진 모습이며, '있다', '존재하다', '가지고 있다', '소유하다'라는 뜻을 가진 글자이다.

備자는 人(사람 인), 用(쓸 용)자, 矢(화살 시)가 합하여 이루어진 모습이며, '갖추다'나 '준비하다'라는 뜻을 가진 글자이다.

無자는 '없다'나 '아니다', '~하지 않다'라는 뜻을 가진 글자이며, 火(불 화)자가 부수로 지정되어 있지만 '불'과는 아무 관계가 없다.

患자는 串(꿸 관), 心(마음 심)이 합하여 이루어진 모습이며, '근심'이나 '걱정', '질병'이라는 뜻을 가진 글자이다.

임갈굴정 臨渴掘井 : 목이 말라야 우물을 판다는 뜻으로, 준비 없이 있다가 일을
　　　　　　　　　당하여 서두름을 이르는 말.
거안사위 居安思危 : 근심 걱정이 없을 때 미리 준비하고 대비하라는 의미.
만수우환 萬愁憂患 : 온갖 시름과 근심 걱정.

● 멋지게 쓰기

이렇게 표현해요

"사업을 시작하기 전에 **유비무환** 차원에서
시장 조사와 계획을 철저히 했다."

일거양득

一擧兩得

한 번 일으켜
둘을 얻음

'일거양득(一擧兩得)'이란 고사성어는 한 가지 일로 두 가지 이익을 얻
는다는 뜻이다.

중국 진(晋)나라 혜제(惠帝) 때 속석(束晳)이라는 인물이 농업 정책을
왕에게 진언하며 언급한 것에서 성어가 유래하였다. 『진서(晋書)』「속석
전(束晳傳)」에 쓰여 있기를, 속석은 백성들을 서쪽으로 이주시키면 변방
을 보강할 수 있고, 이주의 고달픔을 위로하기 위해 부세(賦稅)를 면제
해 줄 것을 제안했다. 이것으로 외적으로는 이익이 있고, 내적으로는
관용을 베풀어 일거양득(一擧兩得)이 된다고 설명하였다.

비슷한 이야기를 『춘추후어(春秋後語)』에서 나오는 변장자(辨莊子)의 이
야기에서도 찾을 수 있다. 마을에 나타난 호랑이 두 마리를 잡기 위해
변장자가 나서게 되었는데, 호랑이 두 마리가 서로 싸우며 크게 다친
것을 본 사동이 변장자에게 기다렸다가 한 번에 두 마리를 잡자는 제안
을 한다. 이런 지혜로운 선택 덕분에 변장자는 일거양득(一擧兩得)을 이
루게 되었다.

一擧兩得

한 번[一] 일으켜[擧] 둘[兩]을 얻음[得]

한 가지의 일로 두 가지의 이익을 보는 것.

● **한자를 알면 문해력이 보여요**

一(일) : 한 일, 1획, 부수 一 　　　擧(거) : 들 거, 18획, 부수 手

兩(량) : 두 량, 8획, 부수 入 　　　得(득) : 얻을 득, 11획, 부수 彳

一자는 '하나'나 '첫째', '오로지'라는 뜻을 가진 글자이며, 막대기를 옆으로 눕혀 놓은 모습을 그린 것이다.

擧자는 舁(마주들 여), 与(어조사 여), 手(손 수)가 합하여 이루어진 모습이며, '들다'나 '일으키다'라는 뜻을 가진 글자이다.

兩자는 하나를 둘로 나눈 상태의 모양을 표현한 것으로, '둘'이나 '짝', '무게의 단위'라는 뜻을 가진 글자이다.

得자는 彳(조금 걸을 척), 貝(조개 패), 寸(마디 촌)이 합하여 이루어진 모습이며, '얻다'나 '손에 넣다'라는 뜻을 가진 글자이다.

● **키워드로 배우는 사자성어 : #이익 #이득**

일석이조 一石二鳥 : 한 가지 일을 해서 두 가지 이익을 얻음을 이르는 말.

일수백확 一樹百穫 : 나무 한 그루를 심어서 백 가지의 이익을 본다는 뜻.

일전쌍조 一箭雙雕 : 하나의 화살로 두 마리 수리를 잡는다는 뜻으로, 한 가지 일로 두 가지 이득을 얻음.

一 擧 兩 得

이렇게 표현해요

"그녀는 건강한 식습관을 유지하며
다이어트에도 성공한 **일거양득**의 결과를 얻었다."

一網打盡

그물을 한번 쳐서
모두 잡는다

중국 북송시대, 4대 황제인 인종(仁宗)은 인자한 정치를 펼치며 많은 칭송을 받았다. 그가 황제 자리에 있는 동안에 역사에 길이 남을 뛰어난 신하들이 그를 보좌하면서 태평성대를 이루었다고 평가받고 있다. 그러나 그 과정에서 신하들 간의 논의가 활발하게 이루어지면서 잦은 의견 충돌이 일어났고, 결국 당파가 만들어져 두 세력이 격렬하게 대립했다. 이로 인해 권력 교체가 너무 자주 발생하게 되면서 여러 가지 부작용이 나타나기도 했다.

그 당시 황제가 조정 대신들과 논의 하지 않고 독단으로 조서를 내리는 관행이 있었는데, 이를 내강(內降)이라고 했다. 이 무렵, 청렴하고 강직하기로 이름난 두연(杜衍)이라는 사람이 재상이 되었다. 두연은 이러한 관행이 잘못되었다고 생각하여, 올바른 정치를 구현하기 위해 이를 바로 잡으려고 했다. 그래서 두연은 황제가 신하들과 협의하지 않고 내린 조서들은 뜯어보지도 않고, 모아두었다가 조서들이 열 장이 넘게 모이면 한꺼번에 전부 황제에게 다시 되돌려 보내곤 했다.

황제는 자신이 내린 조서를 두연이 계속 되돌려 보내자 내심 기분은 좋지 않았으나 그를 처벌하지는 않았다. 그러나 많은 사람들은 일개 재상이 황제의 명령을 함부로 어긴다 생각했고, 많은 비난이 쏟아졌다.

그러던 어느 날, 두연의 사위인 소순흠(蘇舜欽)이 공금을 몰래 횡령하여, 그 돈으로 제사를 지내고 잔치를 연 일이 발각되었다. 평소 두연의 반대파였던 왕공진(王拱辰)은 이를 빌미로 수순흠을 잡아 취조했고, 그 일과 연루된 여러 사람들을 옥에 가두었다.

왕공진은 기뻐하며 다음과 같이 말했다.

"내가 그물을 한 번 쳐서 모조리 잡았도다."

결국, 두연은 재상이 된 지 70일 만에 이 사건에 책임을 지고 벼슬에서 물러났다.

一網打盡

그물[網]을 한번[一] 쳐서[打] 물고기를 모두 잡는다[盡]

그물을 한번에 쳐서 물고기를 모두 잡는다는 뜻으로, 한꺼번에 죄다 잡는다는 말.

● 한자를 알면 문해력이 보여요

一(일) : 한 일, 1획, 부수 一   網(망) : 그물 망, 14획, 부수 糹

打(타) : 칠 타, 5획, 부수 扌   盡(진) : 다할 진, 14획, 부수 皿

一자는 '하나'나 '첫째', '오로지'라는 뜻을 가진 글자이며, 막대기를 옆으로 눕혀 놓은 모습을 그린 것이다.

網자는 糸(실 사), ㄱ(그물망 망), 亡(망)이 합하여 이루어진 모습이며, '그물', '그물질하다'라는 뜻을 가진 글자이다.

打자는 手(손 수)자와 丁(못 정)이 합하여 이루어진 모습이며, '치다'나 '때리다'라는 뜻을 가진 글자이다.

盡자는 皿(그릇 명), 聿(붓 율)이 합하여 이루어진 모습이며, '다하다'나 '완수하다'라는 뜻을 가진 글자이다.

● 키워드로 배우는 사자성어 : #잡음 #그물

주장낙토 走獐落兔 : 노루를 쫓다가 토끼를 잡는다는 뜻.
몽망착어 蒙網捉魚 : 그물을 머리에 쓰고 고기를 잡는다는 뜻으로, 우연히 운이
                  좋았음을 뜻함.
해망구실 蟹網俱失 : 게와 그물을 모두 잃었다는 뜻으로, 이익을 보려다가 도리
                  어 밑천까지 잃음

● 멋지게 쓰기

이렇게 표현해요

"지역의 사기단이 경찰의 노력으로 **일망타진**되었다."

自暴自棄

자신을 스스로 해치고
버린다

『맹자(孟子)』에 나오는 말이다. 『맹자』의 「이루편(離婁篇)」 상(上)에는 다음과 같은 내용이 있다.

스스로 해치는 사람과는 더불어 말할 것이 못 되고,
스스로 자신을 버리는 사람과는 더불어 행동할 것이 못되는 것이니,
말로 예의를 헐뜯는 것을 스스로 해친다 말하고,
자기의 몸은 인에 살거나 의에 따르지 못한다고 하는 것을 스스로 버린다고 말한다.

이렇듯 맹자의 말을 빌리자면 함부로 중얼대는 것은 '자포'고 행동을 멋대로 하는 것이 '자기'다. 말을 함부로 하는 것은 어질고 바른 것을 적대시하는 적극적인 태도로 볼 수가 있다. 행동을 되는대로 하는 것은 희망을 잃은 소극적인 태도다.

自暴自棄

자신(自)을 스스로(自) 해치고[暴] 버린다[棄]

절망 상태에 빠져 자신을 내버리고 돌보지 않음.

● 한자를 알면 문해력이 보여요

自(자) : 스스로 자, 6획, 부수 自 　　暴(포) : 사나울 포, 15획, 부수 日

自(자) : 스스로 자, 6획, 부수 自 　　棄(기) : 버릴 기, 12획, 부수 木

自자는 사람의 코 모양을 본뜬 것으로, 자신을 가리키는 의미에서 '스스로'나 '몸소', '자기'라는 뜻을 가진 글자이다. 지금은 鼻(코 비)가 '코'라는 뜻으로 쓰이고 있다.

暴자는 日(해 일), 共(함께 공), 水(물 수)가 합하여 이루어진 모습이며, '사납다'나 '난폭하다', '모질다'라는 뜻을 가진 글자이다.

自자는 사람의 코 모양을 본뜬 것으로, 자신을 가리키는 의미에서 '스스로'나 '몸소', '자기'라는 뜻을 가진 글자이다. 지금은 鼻(코 비)가 '코'라는 뜻으로 쓰이고 있다.

棄자는 木(나무 목), 弃(버릴 기)가 합하여 이루어진 모습이며, '버리다'나 '그만두다', '돌보지 않다'라는 뜻을 가진 글자이다.

● 키워드로 배우는 사자성어 : #스스로

자학자습 自學自習 : 남의 가르침을 받지 아니하고 스스로 배우고 익힘.

자괴지심 自愧之心 : 스스로 부끄럽게 여기는 마음.

자아도취 自我陶醉 : 스스로에게 황홀하게 빠지는 일.

自 暴 自 棄

이렇게 표현해요

"시험에 떨어졌다고 **자포자기**하지 말고, 다음에 다시 도전해봐."

전화위복

轉禍爲福

재앙이 바뀌어
오히려 복이 됨

『사기열전(史記列傳)』을 보면 관중(管仲)을 평하기를 다음과 같이 하였다. "정치적으로 그는 번번이 화를 전환시켜 복으로 하고 실패를 전환시켜 성공으로 이끌었다. 어떤 사물에 있어서도 그 경중을 잘 파악하여 그 균형을 잃지 않도록 신중하게 처리했다."

전국시대 합종책(合從策)으로 한(韓), 위(魏), 조(趙), 연(燕), 제(齊), 초(楚)의 여섯 나라 재상을 겸임하였던 소진(蘇秦)도 다음과 같은 말을 하였다고 한다.

"옛날, 일을 잘 처리했던 사람은 화를 바꾸어 복이 되게 했고, 실패한 것을 바꾸어 공이 되게 하였다."

화가 바뀌어 오히려 복이 된다는 전화위복은 힘들고 불행한 일이 닥칠지라도 강인한 정신력과 불굴의 의지로 이겨내고 맞서면, 그것을 더 큰 행복으로 바꾸어 놓을 수 있다는 말이다. 불행을 맞고도 가만히 손 놓고 있는데 저절로 화가 복으로 바뀌지는 않는다. 고생 끝에 낙이 온다는 고진감래(苦盡甘來)라는 말이 있듯이 어떤 어려움도 지혜롭게 맞선다면 행복은 찾아오게 마련이다. 그러다 보면 더욱더 성장한 자신을 발견하지 않을까 생각한다.

그러나 아쉽게도 요즘은 이 같은 의지력보다는 "전화위복이 될지 누가 알랴."라는 말로 요행이 강조되어 쓰인다.

轉禍爲福

재앙[禍]이 바뀌어[轉] 오히려 복[福]이 됨[爲]
좋지 않은 일이 계기가 되어 오히려 좋은 일이 생김을 이르는 말.

● 한자를 알면 문해력이 보여요

轉(전) : 구를 전, 18획, 부수 車   禍(화) : 재난 화, 14획, 부수 示
爲(위) : 할 위, 12획, 부수 爫   福(복) : 복 복, 14획, 부수 示

轉자는 車(수레 거), 專(오로지 전)이 합하여 이루어진 모습이며, '구르다'나 '회전하다'라는 뜻을 가진 글자이다.

禍자는 示(보일 시), 咼(화할 화)가 합하여 이루어진 모습이며, '재앙'이나 '화를 입다'라는 뜻을 가진 글자이다.

爲자는 '~을 하다'나 '~을 위하다'라는 뜻을 가진 글자이며, 원숭이가 발톱을 쳐들고 할퀴려는 모습이라는 해석이 있다.

福자는 示(보일 시), 畐(가득할 복)이 합하여 이루어진 모습이며, '복'이나 '행복'이라는 뜻을 가진 글자이다.

원화소복 遠禍召福 : 화를 물리치고 복을 불러들임.

새옹지마 塞翁之馬 : 인생의 길흉화복은 늘 바뀌어 변화가 많음을 이르는 말.

복부중지 福不重至 : 복은 거듭 이르지 않는다는 뜻으로, 복은 한꺼번에 둘씩 오
　　　　　　　　지 않는다는 의미.

● 멋지게 쓰기

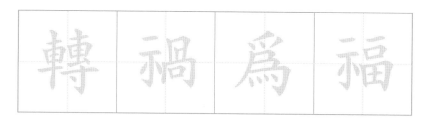

이렇게 표현해요

"사업이 계획대로 이루어지지 않았다고 너무 낙심하지 마라.
이 일이 **'전화위복'**이 될지 어떻게 알겠느냐?"

정중지와
井中之蛙 우물 안 개구리

　우물 안의 개구리는 우물 속에 갇혀서 넓은 세상을 알지 못하고, 자기의 생각에 속박되어 다른 세상을 이해하지 못하는 어리석음을 비유하고 있는 교훈적인 내용이다. 다음은 『莊子(장자)』에 나오는 이야기다.

　황하(黃河)의 하신(河神)인 하백(河伯)이 물의 흐름을 따라 처음으로 바다에 나왔다. 그는 북해(北海)에 가서 동해(東海)를 바라보면서, 그 끝이 없음에 놀라 탄식하였다. 그러자 북해(北海)의 해신(海神)인 약(若)이 이렇게 말했다.

　"우물 안에서 살고 있는 개구리에게 바다를 이야기해도 알지 못하는 것은, 그들이 우물 안의 좁은 장소에만 살았기 때문이다. 또 여름벌레에게 얼음을 말해도 알지 못하는 것은, 그들이 여름만을 굳게 믿고 있기 때문이다. 따라서 식견이 좁은 사람에게 도(道)에 대해 말할 수 없는 것은 그들이 배운 바에 구속되어 있기 때문이다. 그러나 당신은 지금 좁은 개울에서 나와 큰 바다를 바라보고 자기의 부족함을 알았기 때문에, 이제 더불어 큰 진리에 대하여 말할 수 있을 것이다."

井中之蛙

우물[井] 안[中] 의[之] 개구리[蛙]

세상 물정을 너무 모름

● 한자를 알면 문해력이 보여요

井(정) : 우물 정, 4획, 부수 二　　中(중) : 가운데 중, 4획, 부수 ㅣ

之(지) : 갈 지, 4획, 부수 ノ　　蛙(와) : 개구리 와, 12획, 부수 虫

井자는 '우물'이라는 뜻을 가진 글자이며, 우물을 그린 것이다.

中자는 '가운데'나 '속', '안'이라는 뜻을 가진 글자로, 이전에는 무언가를 꿰뚫는 모습을 그렸던 것으로 해석했었다.

之자는 '가다'나 '～의', '～에'와 같은 뜻으로 쓰이는 글자로, 사람의 발을 그린 것이다.

蛙자는 虫(벌레 훼), 圭(서옥 규)가 합하여 이루어진 모습이며, '개구리'를 뜻하는 글자이다.

● 키워드로 배우는 사자성어 : #우물 #물정

감중지와 坎中之蛙 : 견문이 좁고 세상 물정에 어두운 사람을 비유한 말.

무지몽매 無知蒙昧 : 세상 물정도 잘 모르고 세상 이치에도 어두움.

좌정관천 坐井觀天 : 우물 속에 앉아서 하늘을 본다는 뜻으로, 사람의 견문이 매
　　　　　　　　　우 좁음.

井　中　之　蛙

이렇게 표현해요

"**정중지와** 같은 사람이 되지 않으려면, 다양한 독서와 경험을
통해 견문을 넓히는 것이 중요하다."

朝三暮四 아침에는 셋,
저녁에는 넷을 준다

송나라에 저공(狙公)이란 사람이 있었다. 본래의 이름이 있었을 터이지만 워낙 원숭이를 좋아했기 때문에 그렇게 불리는 것으로 풀이된다(狙는 원숭이를 뜻함). 저공은 원숭이를 너무 좋아하여 집에도 많은 원숭이가 있었다.

원숭이가 많다 보니 들어가는 사료 역시 너무 많아지게 되었고, 저공은 원숭이들의 기분을 상하지 않게 하는 방법으로 사료 줄이기 위해 묘안을 떠올려 내었다.

저공은 원숭이들에게 말했다.

"너희들에게 줄 도토리를 앞으로는 아침에 세 개, 저녁에 네 개 주려고 한다."

그러자, 원숭이들은 아침이 적다고 불평을 했다.

원숭이들이 불평을 하자 저공은 "그러면 아침에 네 개, 저녁에 세 개를 주면 어떻겠느냐?"라고 다시 물었다. 그러자 원숭이들은 아침에 네 개라는 데 만족하여 손뼉을 치며 좋아 했다.

이 이야기는 원래 저공이 원숭이를 다루듯 지혜로운 자는 대중을 힘들이지 않고 교묘히 다스릴 수 있음을 뜻한 것인데, 지금은 눈앞에 보이는 차이만 알고 결과가 같은 것임을 모르는 어리석음을 비유하거나 남을 농락해 속이는 행위를 비유할 때 쓰인다.

하지만, 사회의 변화 속도가 빠르고 변수가 많은 오늘날, 원숭이의 태도가 꼭 어리석다고 말할 수는 없을 것이다. 결과적으로 받게 되는 도토리 수에 차이가 없더라도, 비교적 이른 시간에 더 많은 도토리를 미리 손에 넣어 두는 편이 미래에 대한 위험요소에 대비하는 측면에서는 더 유리한 사고방식이라 볼 수 있다.

朝三暮四

아침[朝]에 셋[三] 저녁[暮]에 넷[四]
자기의 이익을 위해 교활한 꾀를 써서 남을 속이고 놀리는 것을 이르는 말.

● 한자를 알면 문해력이 보여요

朝(조) : 아침 조, 12획, 부수 月   三(삼) : 석 삼, 3획, 부수 一

暮(모) : 저물 모, 15획, 부수 日   四(사) : 넉 사, 5획, 부수 口

朝자는 艹(풀 초), 日(해 일), 月(달 월)이 합하여 이루어진 모습이며, '아침'이나 '왕조'라는 뜻을 가진 글자이다.

三자는 '셋'이나 '세 번', '거듭'이라는 뜻을 가진 글자로, 나무막대기 세 개를 늘어놓은 모습을 그린 것이다.

暮자는 莫(없을 막), 日(해 일)이 합하여 이루어진 모습이며, '(날이)저물다'나 '(시간에)늦다'라는 뜻을 가진 글자이다. 해가 없으니 어둡다는 뜻을 바로 연상해낼 수 있다.

四자는 숫자 '넷'을 뜻하는 글자이며, 갑골문을 보면 긴 막대기 네 개를 그린 亖(넉 사)가 그려져 있었다.

● **키워드로 배우는 사자성어 : #아침 #저녁**

조개모변 朝改暮變 : 아침저녁으로 뜯어고친다는 뜻으로, 계획이나 결정 따위
　　　　　　　　　를 자주 고침.
일조일석 一朝一夕 : 하루의 아침과 하루의 저녁이란 뜻으로, 짧은 시일을 뜻함.
조출석몰 朝出夕沒 : 아침에 나타났다가 저녁에 사라짐.

● **멋지게 쓰기**

이렇게 표현해요

"회사에서는 복지를 위한 근본적인 대책을 제시하기보다는
조삼모사로 우리를 구슬려 이용할 것이다."

眾口難防

많은 사람의 입을 막기는 어렵다

중구난방(眾口難防)은 중국의 증선지(曾先之)가 편찬한 역사서『십팔사략(十八史略)』에서 유래가 된 성어이다.

소공(召公)이 주여왕(周厲王)의 언론 탄압에 대하여 자신의 생각을 털어놓았다.

"무력을 사용하여 백성들의 입을 막는 것은 내(川)를 막는 것보다 더한 것입니다. 내는 막히었다가 터지면 물이 넘쳐흘러 사람을 상하게 합니다.

그러므로 예로부터 치수법에 능한 이들은 흐르는 물은 자연스럽게 흐르도록 하였다는 것입니다. 백성들이 말을 하고자 할 때엔 탄압을 않고 그냥 두는 것이 좋습니다."

그러나 주여왕은 소공의 충언을 따르지 않았으니, 결국 백성들은 난을 일으켰고, 주여왕은 도망다니며 평생을 갇혀 살게 되었다고 한다.

중구난방은 결국 대중들의 말과 자유로운 생각은 그 무엇으로도 막을 수 없다는 뜻이다.

衆口難防

많은 사람[衆]의 입[口]을 막기[防]는 어렵다[難]
막기 어려울 정도로 여럿이 마구 지껄임을 이르는 말.

● **한자를 알면 문해력이 보여요**

衆(중) : 무리 중, 12획, 부수 血 　　口(구) : 입 구, 3획, 부수 口
難(난) : 어려울 난, 19획, 부수 隹 　　防(방) : 막을 방, 7획, 부수 阝

衆자는 '무리'나 '백성'이라는 뜻을 가진 글자이며, 본래 갑골문에는 많은 사람들
이 뙤약볕에서 일하고 있다는 의미에서 태양 아래에 세 명의 사람을 그렸으나,
소전(小篆)에서는 日(해 일)이 罒(그물 망)으로 쓰이게 되었고, 이것이 다시 血(피 혈)
로 잘못 표기되면서 지금의 중(衆)이 만들어졌다.

口자는 '입'이나 '입구', '구멍'이라는 뜻을 가진 글자이며, 사람의 입 모양을 본떠
그린 것이기 때문에 '입'이라는 뜻을 갖게 되었다.

難자는 堇(진흙 근), 隹(새 추)가 합하여 이루어진 모습이며, '어렵다'나 '꺼리다'라
는 뜻을 가진 글자이다.

防자는 阜(阝:언덕 부), 方(모 방)가 합하여 이루어진 모습이며, '막다'나 '방어하다'
라는 뜻을 가진 글자이다.

● **키워드로 배우는 사자성어 : #입 #말**

두구탄성 杜口呑聲 : 입을 닫고 소리를 삼킨다는 뜻으로, 입 다물고 말을 하지
　　　　　　　　않는다는 뜻.
부언유설 浮言流說 : 아무 근거 없이 널리 퍼진 소문.
유언비어 流言蜚語 : 아무 근거 없이 널리 퍼진 소문.

이렇게 표현해요

"저마다 **중구난방**으로 한마디씩 떠들어대니
회의 진행이 어려울 수밖에 없다."

지록위마

指鹿爲馬

사슴을 가리켜
말이라 한다

기원전 210년, 진나라 시황제가 죽자 환관 조고(趙高)는 나이 어린 호해(胡亥)를 2세 황제로 내세우고 경쟁 관계에 있던 승상 이사(李斯)를 비롯한 많은 신하를 죽이고 승상의 자리에 올라 조정의 실권을 장악했다.

그러나 조고의 야심은 그 자신이 황제가 되는 것이었다. 그래서 조고는 반란을 일으키려 했으나 군신들이 자기를 따르게 될지 염려하여 꾀를 내었다. 어느 날 사슴을 2세에게 바치고 "이것은 말입니다."했다. 그러자 2세는 웃으며 "승상이 실수를 하는구려. 사슴을 보고 말이라고 하니."라고 말했다. 승상은 다시 대꾸했다. "아닙니다. 말이옵니다."

그래서 2세는 좌우에 있는 중신들에게 물었다. 어떤 중신은 말없이 있었고, 어떤 중신은 조고의 편을 들어 말이라 하고, 어떤 중신은 정직하게 사슴이라고 대답했다. 그러자 조고는 사슴이라고 대답한 중신들은 모조리 감옥에 넣고 말았다. 그 뒤로는 모든 중신들이 조고가 무서워 그가 하는 일에 의견을 말하지 못했고 나라꼴이 이 모양이 되었으니 그 후 진나라의 멸망은 시간문제였던 것이다.

이 후 윗사람을 농락해 권세를 자기 마음대로 휘두르는 것을 비유할 때 이 말이 인용되었고, 오늘날 그 뜻이 확대되어 모순된 것을 끝까지 우겨 남을 속인다는 뜻으로 쓰이기도 한다.

指鹿爲馬

사슴[鹿]을 가리켜[指] 말[馬]이라 한다[爲]

사실이 아닌 것을 사실로 만들어 강압으로 인정하게 함.

● **한자를 알면 문해력이 보여요**

指(지) : 손가락 지, 9획, 부수 扌   鹿(록) : 사슴 록, 11획, 부수 鹿
爲(위) : 할 위, 12획, 부수 爫   馬(마) : 말 마, 10획, 부수 馬

指자는 手(손 수)와 旨(맛있을 지)가 합하여 이루어진 모습이며, '손가락'이나 '가리키다'라는 뜻을 가진 글자이다.

鹿자는 머리위의 뿔처럼, 네 발까지 숫사슴의 모양을 본뜬 것으로, '사슴'이라는 뜻을 가진 글자이다.

爲자는 '~을 하다'나 '~을 위하다'라는 뜻을 가진 글자로, 원숭이가 발톱을 쳐들고 할퀴려는 모습이라는 해석이 있다.

馬자는 '말'을 그린 글자이다. 갑골문을 보면 말의 특징을 표현하기 위해 큰 눈과 갈기가 함께 그려져 있었다.

● **키워드로 배우는 사자성어 : #모순**

자가당착 自家撞着 : 같은 사람의 말이나 행동이 앞뒤가 서로 맞지 아니하고 모순됨.
이율배반 二律背反 : 서로 모순되어 양립할 수 없는 두 개의 명제.
자기모순 自己矛盾 : 스스로의 생각이나 주장이 앞뒤가 맞지 아니함.

이렇게 표현해요

"그의 처신은 자기 이익을 위해 기업의 방침을 거스르는
지록위마와 같은 행위이다."

滄海一粟

큰 바다에 던져진
좁쌀 한 톨

당송팔대가의 한사람인 소식(蘇軾)이 친구와 함께 뱃놀이를 즐겼다. 그때가 임술년 가을이었다. 강물 위를 미끄러진 배는 어느새 적벽 아래에 이르렀다. 그 옛날 영웅호걸들이 천하를 놓고 승부를 벌였다던 바로 그 현장이었다.

동행했던 친구에게 소식이 말했다.

"그 옛날 조조는 형주를 함락하고 강릉으로 쳐들어 갔다네. 장강을 따라 동오로 진격할 때에 전함에 꽂은 깃발은 천 리를 이었다네. 비록 전쟁이었다 해도 얼마나 장관이었겠는가. 일세의 영웅들이었지. 그런데 지금 그 영웅들은 어디로 갔는가? 이보시게 그 옛날 영웅호걸들이 다투던 그 자리에서 자네와 내가 이렇듯 뱃전에 앉아 술잔을 기울이고 있으니 인생은 새삼 무상한 것이 아니겠는가. 우리의 삶이라는 것도 결국은 천지에 기생을 하고 있지 않은가."

친구가 답했다.

"옳으이, 우리의 몸이라는 것도 따지고 보면 깊고 넓은 바다 한가운데에 던져진 좁쌀 알갱이 같은 것이지."

훗날 소식은 적벽부(赤壁賦)를 쓸 때에 '창해일속'이란 용어를 사용하였다.

滄海一粟

큰 바다[滄][海]에 던져진 좁쌀[粟] 한[一] 톨
지극히 작거나 보잘것없는 존재를 의미함.

● **한자를 알면 문해력이 보여요**

滄(창) : 큰 바다 창, 13획, 부수 氵   海(해) : 바다 해, 10획, 부수 氵
一(일) : 한 일, 1획, 부수 一   粟(속) : 조 속, 12획, 부수 米

滄자는 물이란 뜻을 나타내는 氵(삼수변 수)과 음을 나타내는 倉(곳집 창)으로 이루어진 글자이며, '큰 바다'를 뜻한다.

海자는 氵(삼수변 수), 每(매일 매)가 합하여 이루어진 모습이며, '바다'나 '바닷물', '크다', '널리'라는 뜻을 가진 글자이다.

一자는 '하나'나 '첫째', '오로지'라는 뜻을 가진 글자이며, 막대기를 옆으로 눕혀 놓은 모습을 그린 것이다.

粟자는 米(쌀 미), 覀(덮을 아)가 합하여 이루어진 모습이며, 오곡 중의 하나인 '조'를 뜻하는 글자이다.

● **키워드로 배우는 사자성어 : #지극히 #작은**

지공무사 至公無私 : 지극히 공정하여 사사로움이 없음.
일반지덕 一飯之德 : 밥 한 끼를 베푸는 덕이라는 뜻으로, 아주 작은 은덕을 이르는 말.
무미불측 無微不測 : 아주 작은 일까지 샅샅이 다 헤아림

滄 海 一 粟

이렇게 표현해요

"이 거대한 조직에서 내 역할은 **창해일속**에 불과하다."

天高馬肥

하늘이 높고
말이 살찌다

　중국의 역대 황제들은 변방에 출몰하는 흉노 때문에 골머리를 앓았
다. 이른바 한족(漢族)을 자처하는 중국인들에게 변방의 흉노족은 굉장
한 골칫거리였다. 역대의 제왕들은 이들을 강압적으로 다루기도 하고
회유책도 써보았으나 일시적인 효과만 볼 수 있었을 뿐 장기적인 효험
은 없었다.

　진나라 때에는 그들의 출몰을 막기 위해 만리장성을 쌓았다. 또 한
나라 때에는 미인을 보내 회유도 했다. 이렇게 하면 잠시 잠잠하다가도
바람처럼 습격하여 재물을 약탈해갔다.

　아래는 두보의 조부 두심언(杜審言)이 흉노를 막기 위해 변방으로 떠
나는 친구 소미도(蘇味道)에게 준 시다.

구름은 깨끗한데 요사스런 별이 떨어지고
가을 하늘은 높고 변방의 말이 살찌는구나.
말 안장에 앉아 영웅의 칼을 움직이고
붓을 휘두르니 격문이 날아온다.

天高馬肥

하늘[天]이 높고[高] 말[馬]이 살찐다[肥]
오곡백과가 무르익는 가을이 썩 좋은 절기임을 일컫는 말.

● 한자를 알면 문해력이 보여요

天(천) : 하늘 천, 4획, 부수 大   高(고) : 높을 고, 10획, 부수 高
馬(마) : 말 마, 10획, 부수 馬   肥(비) : 살찔 비, 8획, 부수 月

天자는 大(큰 대), 一(한 일)이 합하여 이루어진 모습이며, '하늘'이나 '하느님', '천자'라는 뜻을 가진 글자이다.

高자는 '높다'나 '크다'라는 뜻을 가진 글자이며, 높게 지어진 누각을 그린 것이다.

馬자는 갑골문을 보면 '말'의 모양을 본뜬 모습으로, 말의 특징을 표현하기 위해 큰 눈과 갈기가 함께 그려져 있으며, '말'을 뜻하는 글자이다.

肥자는 月(육달 월), 巴(꼬리 파)가 합하여 이루어진 모습이며, '살찌다'나 '기름지다'라는 뜻을 가진 글자이다.

● 키워드로 배우는 사자성어 : #가을

등화가친 燈火可親 : 서늘한 가을 밤은 등불을 가까이하여 글 읽기에 좋다'는
　　　　　　　　　　뜻.
신량등화 新涼燈火 : 가을의 서늘한 기운이 처음 생길 무렵에 등불 밑에서 글
　　　　　　　　　　읽기가 좋음.
추풍낙엽 秋風落葉 : 가을바람에 떨어지는 나뭇잎.

이렇게 표현해요

"**천고마비**의 가을, 낙엽이 지고 가지에 은행 열매가 맺히는
아름다운 모습을 볼 수 있습니다.."

千載一遇

천년에 한 번 만나는
기회

　예로부터 중국인들은 '천(千)'이라는 말을 즐겨 사용했다. '봉황새가 천년에 한 번 운다.' '황하의 누런 황토물이 천 년에 한번은 맑아진다.' 등이 그 예이다. '천'을 반드시 '천년'이라고 못을 박아 이해하기 보다는 '오랜 세월'이라는 의미로 받아들이는 것이 무난하다.

　동진의 학자로서 동양태수를 역임한 원굉(元宏)은 『삼국명신서찬(三國名臣序贊)』이란 글을 남겼다. 이 중 위나라의 순문약(순욱, 중국 후한 말기 조조의 책사)을 찬양한 글에서 원굉은 '대저 명마를 가릴 줄 아는 전문가 백락을 만나지 못하면 천 년이 지나도 천리마 한 필 찾아내지 못한다.'고 적고 현군과 명신의 만남이 절대 쉽지 않다는 것을 비유적으로 표현하였다.

　"대저 만 년에 한 번 태어나 사는 것은 사람이 살고있는 세상의 법칙이요, 천년에 한 번 만나게 된다는 것은 어진 사람과 지혜로운 사람이 용케 만나는 것이다. 이런 기회를 만나면 그 누가 기뻐하지 않으며, 이를 놓치면 그 누가 한탄하지 않겠는가?"

　여기서 '천재일우'는 지혜로운 임금과 뛰어난 신하의 만남이 결코, 쉽지 않다는 것을 비유한 것이다.

千載一遇

천[千]년에 한[一] 번 만나는[遇] 기회

천 년 동안 겨우 한 번 만난다는 뜻으로, 좀처럼 만나기 어려운 좋은 기회를 말함.

● **한자를 알면 문해력이 보여요**

千(천) : 일천 천, 3획, 부수 十 　　載(재) : 실을 재, 13획, 부수 車

一(일) : 한 일, 1획, 부수 一 　　遇(우) : 만날 우, 13획, 부수 辶

千자는 숫자 '일천'을 뜻하는 글자로, 사람의 수를 나타내기 위해 만든 글자이다.

載자는 車(수레 차), 哉(어조사 재)가 합하여 이루어진 모습이며, '싣다'나 '오르다', '등재하다'라는 뜻을 가진 글자이다.

一자는 '하나'나 '첫째', '오로지'라는 뜻을 가진 글자로, 막대기를 옆으로 눕혀놓은 모습을 그린 것이다.

遇자는 辶(쉬엄쉬엄 갈 착), 禺(원숭이 우)가 합하여 이루어진 모습이며, '만나다'나 '조우하다'라는 뜻을 가진 글자이다.

● **키워드로 배우는 사자성어 : #기회**

천세일시 千歲一時 : 다시 맞이하기 어려운 아주 좋은 기회를 이르는 말.

물실호기 勿失好機 : 좋은 기회를 놓치지 아니함.

득의지추 得意之秋 : 일이 뜻대로 이루어졌거나 이루어질 좋은 기회.

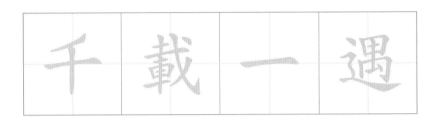

이렇게 표현해요

"지금까지 힘들고 어려웠던 일들이 지속되었는데 이제는 절대로
놓쳐서는 안 되는 **천재일우**의 기회가 온 것이 아닌가 싶다."

청천벽력

青天霹靂

맑은 하늘에
벼락

청천벽력은 전혀 예상치 못한 일을 맞닥뜨렸을 때 쓰는 말로 붓의 기세가 힘차게 움직임을 비유하거나 갑자기 일어난 큰 사건이나 이변을 비유하는 말이다.

남송의 시인 육유(陸遊)의 시에서 나온 표현이다. 육유의 자는 무관(務觀)이고 호는 방옹(放翁)이다. 육유는 자신의 뛰어난 필치를 가리켜, '푸른 하늘에 벽력을 날린 듯하다'고 했는데 그 시를 보면 다음과 같다.

병상에 누워 있던 늙은이가 가을이 지나려 하매
홀연히 일어나 취한 듯 붓을 놀린다.
정말로 오랫동안 웅크린 용과 같이
푸른 하늘에서 벽력이 날리는 듯하다.
비록 이 글이 좀 괴이하고 기이하나
불쌍히 여겨 보아준다면
갑자기 이 늙은이가 죽기라도 하면
천금을 주고도 구하지 못하리라.

이 시는 여름에서 늦가을까지 병마에 허덕이던 육유가 어느 날 병을 이겨 낸 것 같은 생각에 붓을 들어 글을 쓰는 장면을 그린 것인데, 여기에서 유래하여 '청천벽력'은 필치가 웅혼한 것을 비유하는 말로 쓰이게 되었다. 오늘날에는 '마른하늘에 날벼락'이라는 말과 같이 예기치 못한 큰 변을 비유하는 말로 쓰인다.

靑天霹靂

맑은[靑] 하늘[天]에 벼락[霹][靂]
푸른 하늘에서 치는 날벼락이라는 뜻으로, 뜻밖에 일어난 큰 변고나 사건을 비유적으로 이르는 말.

● 한자를 알면 문해력이 보여요

靑(청) : 푸를 청, 8획, [부수] 靑   天(천) : 하늘 천, 4획, [부수] 大
霹(벽) : 벼락 벽, 21획, [부수] 雨   靂(력) : 벼락 력, 24획, [부수] 雨

靑자는 生(날 생), 井(우물 정)이 합하여 이루어진 모습이며, '푸르다'나 '젊다', '고요하다'라는 뜻을 가진 글자이다.

天자는 大(큰 대), 一(한 일)이 합하여 이루어진 모습이며, '하늘'이나 '하느님', '천자'라는 뜻을 가진 글자이다.

霹자는 雨(비 우), 辟(피할 피)가 합하여 이루어진 모습으로, '벼락', '천둥'의 뜻을 가진 글자이다.

靂자는 雨(비 우)와 歷(지낼 력)이 합하여 이루어진 모습으로, '벼락', '천둥'의 뜻을 가진 글자이다.

비상지변 非常之變 : 뜻밖에 일어난 재앙이나 사고를 의미.

불우지변 不虞之變 : 뜻밖에 갑작스럽게 일어난 재앙이나 사고.

악방봉뢰 惡傍逢雷 : 죄지은 사람 옆에 있다가 벼락을 맞는다는 뜻.

● **멋지게 쓰기**

이렇게 표현해요

"교통사고로 민식이가 크게 다쳤다는
청천벽력 같은 소식에 가족들은 넋을 잃었다."

他山之石
다른 산의
돌

타산지석은 다른 산에서 나는 보잘것없는 돌이라도 자기의 옥(玉)을 가는데 소용이 된다는 뜻으로 『시경(詩經)』에 나오는 시의 한 구절이다.

학이 먼 못 가에서 우니 그 소리 들판에 울려 퍼지고
물고기는 연못 깊이 숨어 있다가 때로는 물가에 나오기도 하네.
즐거워라, 저기 저 동산 속에는 심어 놓은 박달나무 있고
그 아래는 낙엽만 수북이 쌓여 다른 산의 돌이라도 구슬 가는 숫돌이 된다네.
학이 먼 못가에서 우니 그 소리 하늘 높이 울려 퍼지고
고기는 물가에서 노닐다가 때로는 연못 깊이 숨기도 하네.
즐거워라, 저기 저 동산 속에는 심어 놓은 박달나무 있고 그 아래에 닥나무 있네.
다른 산의 돌도 옥을 갈 수 있다네.

여기에서는 돌을 소인에 비유하고 옥을 군자에 비유해 군자도 소인에 의해 수양과 학덕을 쌓아 나갈 수 있음을 말하고 있다.
'타산지석(他山之石)'의 가르침은 타인의 부족함을 내 수련의 거울로

삼으라는 데 있다. 타인의 보잘것없는 언행을 반면교사(反面教師)로 삼아 나의 언행을 가다듬으라는 뜻이다.

他山之石

다른[他] 산[山]의[之] 돌[石]

다른 사람의 하찮은 언행이라도 자기의 덕을 닦는 데 도움이 됨.

● 한자를 알면 문해력이 보여요

他(타) : 다를 타, 5획, 부수 亻   山(산) : 메 산, 3획, 부수 山

之(지) : 갈 지, 4획, 부수 丿   石(석) : 돌 석, 5획, 부수 石

他자는 人(사람 인), 也(어조사 야)가 합하여 이루어진 모습이며, '다르다'나 '다른'이라는 뜻을 가진 글자이다.

山자는 '뫼'나 '산', '무덤'이라는 뜻을 가진 글자로, 육지에 우뚝 솟은 세 개의 봉우리를 그린 것으로 '산'을 형상화한 상형문자이다.

之자는 '가다'나 '~의', '~에'와 같은 뜻으로 쓰이는 글자이며, 사람의 발을 그린 것이다.

石자는 '돌'이라는 뜻을 가진 글자이다. 갑골문을 보면 벼랑 끝에 매달려 있는 돌덩이가 그려져 있었다.

동문서답 東問西答 : 묻는 말에 전혀 맞지 않는 엉뚱한 대답을 함.

감언이설 甘言利說 : 남의 비위에 맞게 꾸민 달콤한 말과 이로운 조건을 내세워
　　　　　　　　　꾀는 말.

구상유취 口尙乳臭 : 입에서 아직 젖내가 난다는 뜻으로, 말이나 하는 짓이 아직
　　　　　　　　　어림을 일컫는 말.

● 멋지게 쓰기

이렇게 표현해요

"실패한 사람들의 전철을 밟지 않으려면
다른 사람의 실패를 **타산지석**으로 삼아
그들이 실패한 원인을 철저하게 분석해서 대비해야 한다."

打草驚蛇

풀을 쳐서
뱀을 놀라게 한다

단성식(段成式)이 지은 『유양잡조(酉陽雜俎)』에 나오는 이야기다. 당나라 때 지방의 한 탐관오리 현령이 온갖 명목으로 세금을 부과해 사복을 채우자 견디다 못한 백성들이 일부러 현령에게 그 부하들의 부정부패 사실을 일일이 열거해 고발장을 올렸다.

그러자 고발장을 읽어보던 현령은 깜짝 놀라며 "너희들이 비록 풀밭을 건드렸지만 이미 나는 놀란 뱀과 같다."라며 놀란 가슴을 진정시켰다고 한다.

이것은 백성들이 자기 부하들의 비리를 고발한 것은 곧 우회적으로 자신의 비리를 고발하는 것이라고 지레 겁을 먹은 것이다. 이렇게 하여 을(乙)을 징계해서 갑(甲)을 각성케 하려 한 백성들의 의도는 충분히 달성되었다.

타초경사(打草驚蛇)란 풀을 두드려 주위에 있는 뱀을 놀라게 한다는 뜻으로 한 사람을 징계하여 다른 사람을 깨우치게 함을 비유하는 말이다.

打草驚蛇

풀[草]을 쳐서[打] 뱀[蛇]을 놀라게[驚] 한다

의도하지 않은 행동이 뜻밖의 결과를 낳을 수 있음을 이르는 말.

● **한자를 알면 문해력이 보여요**

打(타) : 칠 타, 5획, 부수 扌   草(초) : 풀 초, 9획, 부수 艹

驚(경) : 놀랄 경, 22획, 부수 馬   蛇(사) : 뱀 사, 11획, 부수 虫

打자는 手(손 수), 丁(못 정)이 합하여 이루어진 모습이며, '치다'나 '때리다'라는 뜻을 가진 글자다.

草자는 艹(초두머리 초), 早(일찍 조)가 합하여 이루어진 모습이며, '풀'이나 '황야'라는 뜻을 가진 글자이다.

驚자는 敬(공경할 경), 馬(말 마)가 합하여 이루어진 모습이며, '놀라다'나 '두려워하다'라는 뜻을 가진 글자이다.

蛇자는 虫(벌레 충), 它(다를 타)가 합하여 이루어진 모습이며, '뱀'이라는 뜻을 가진 글자이다.

● **키워드로 배우는 사자성어 : #뜻밖의 #결과**

아연실색 啞然失色 : 뜻밖의 일에 얼굴빛이 변할 정도로 놀람.

주장낙토 走獐落兎 : 뜻밖의 이익이나 재물을 얻음을 이르는 말.

모사재인 謀事在人 : 일을 꾸미는 것은 사람에게 달렸다는 뜻으로, 결과는 하늘에 맡기고 일을 힘써 꾀하여야 함.

이렇게 표현해요

"이번 사건을 계기로 **타초경사**하여
회사 내의 부정부패 문제를 해결할 필요가 있다."

파죽지세

破竹之勢

대나무를 쪼개는 듯한
기세

위나라와 진나라가 대치하고 있을 때 진의 명장 두예(杜豫)는 태강 원년 2월에 왕준(王濬)의 군사와 합류하여 무창(武昌)을 함락시키고 최종 목적지인 건업(建業)을 앞에 두고 여러 장수들과 작전회의를 하였다. 이때 한 장수가 말했다.

"봄이 다 갔습니다. 곧 우기가 되어 비가 내리면 강물이 불어나 군마를 움직이기 힘든 지형이니 일단 군사를 물러나게 하였다가 겨울에 오는 것이 좋을 것 같습니다."

두예는 고개를 가로저으며 말했다.

"아니오, 우리는 대세의 흐름을 타고 있소. 이것은 대나무를 쪼갤 때와 같이 한 매듭 두 매듭 내려가면 나중에는 칼만 대면 자연스럽게 쪼개져 힘을 들일 필요가 없는 것이오. 지금 우리 군의 기세가 그러하니, 우리가 이때를 놓치면 오히려 후회하게 될 것이오."

이리하여 두예는 곧장 오나라 수도를 향해 진군할 것을 명령했다. 진나라 군대가 이르는 곳마다 오나라 군대는 항복하여 진의 통일이 완성되었다.

무슨 일을 하는 데 있어서 미적미적대는 것보다 파죽지세의 기세로 끝까지 밀고 나가는 자세가 필요하지 않을까 한다.

破竹之勢

대나무[竹]를 쪼개[破]는 듯한[之] 기세[勢]

세력이 강하여 거침없이 물리치고 쳐들어가는 기세

● 한자를 알면 문해력이 보여요

破(파) : 깨뜨릴 파, 10획, 부수 石　　竹(죽) : 대나무 죽, 6획, 부수 竹

之(지) : 갈 지, 4획, 부수 丿　　勢(세) : 기세 세, 13획, 부수 力

破자는 石(돌 석), 皮(가죽 피)가 합하여 이루어진 모습이며, '깨트리다'나 '파괴하다'라는 뜻을 가진 글자이다.

竹자는 '대나무'나 '죽간'이라는 뜻을 가진 글자이며, 두 개의 대나무 줄기와 잎사귀가 늘어져 있는 모습을 그린 것이다.

之자는 '가다'나 '~의', '~에'와 같은 뜻으로 쓰이는 글자로, 사람의 발을 그린 것이다.

勢자는 埶(재주 예), 力(힘 력)이 합하여 이루어진 모습이며, '형세'나 '권세', '기세'라는 뜻을 가진 글자이다.

● 키워드로 배우는 사자성어 : #기세 #세력

세여파죽 勢如破竹 : 기세가 맹렬하여 대항할 적이 없는 모양.

욱일승천 旭日昇天 : 떠오르는 아침 해처럼 세력이 성대해짐을 이르는 말.

요원지화 燎原之火 : 무서운 기세로 타오르는 벌판의 불길이라는 뜻으로, 미처
막을 사이 없이 퍼지는 세력을 이르는 말.

破 竹 之 勢

"피비린내 나는 전투 경험을 쌓은 일본군은
조총 부대를 앞장세워 **파죽지세**로 조선을 치고 올라갔다."

匹夫之勇

하찮은 남자의
용기

　한나라 대장군 한신은 유방을 도와 한나라의 천하통일에 큰 공을 세운 인물이다. 그는 한 때, 초나라 항우 밑에서 낮은 벼슬에 머물러 있었으나, 항우가 자신을 알아봐주지 않았기에 항우 곁을 떠나 유방 밑으로 갔고, 한나라 대장군이 되어 초나라 대전에서 승리했다.

　유방은 통일하고 나서 대신들 보아 말했다. "내가 천하를 차지하고 다스릴 수 있었던 것은 사람의 능력, 역량에 맞게 일을 맡겼기 때문이다. 나라 살림은 소하, 작전은 장량, 전투는 한신에게 맡겨 이뤄낸 성과다. 내 곁에 뛰어난 세 사람이 있으나 항우 곁은 인재가 없다. 사람을 제대로 쓰지 못했기 때문이다."

　한신은 이에 응답하며, "항우는 천하가 인정하는 용맹한 사람이다. 그가 화를 내면 군사 천여명이 놀라 쓰러질 정도지만, 사람을 부리고, 인재를 못 알아보니 '필부지용'에 지나지 않는다."라고 하였다.　항우에게 유능한 책사 '범증'도 있었고, 훌륭한 맹장들이 함께 했으나 그가 사람을 부리는 능력이 부족했고, 인재를 등용하고 공을 하사하는데 망설였기에 초나라는 천하를 도모하지 못했다.

匹夫之勇

하찮은[匹] 남자의[夫][之] 용기[勇]
소인이 깊은 생각 없이 혈기만 믿고 함부로 부리는 용기를 말함.

匹(필) : 짝 필, 4획, 부수 匸   夫(부) : 지아비 부, 4획, 부수 大
之(지) : 갈 지, 4획, 부수 丿   勇(용) : 날랠 용, 9획, 부수 力

匹자는 匸(감출 혜), 八(여덟 팔)이 합하여 이루어진 모습이며, '짝'이나 '상대', '(길이
의 단위)필'이라는 뜻을 가진 글자이다.

夫자는 大(큰 대), 一(한 일)이 합하여 이루어진 모습이며, '지아비'나 '남편', '사내'
라는 뜻을 가진 글자이다.

之자는 '가다'나 '~의', '~에'와 같은 뜻으로 쓰이는 글자로, 사람의 발을 그린
것이다.

勇자는 甬(길 용), 力(힘 력)이 합해진 모습이며, '날래다'나 '용감하다', '강하다'라
는 뜻을 가진 글자이다.

혈기지용 血氣之勇 : 혈기에 찬 기운으로 불끈 일어나는 용맹.
경조부박 輕兆浮薄 : 경솔하고 방정맞으며 천박하고 가볍다는 뜻.
경거망동 輕擧妄動 : 경솔하여 생각 없이 망령되게 행동함. 또는 그런 행동.

匹　夫　之　勇

이렇게 표현해요

"자신의 위치를 깨닫지 못하면서 함부로 도전하는 것은
'필부지용'에 불과하다."

邯鄲之夢

한단에서 꾸었던 꿈

당나라 현종 때에 여옹(呂翁)이라는 도사가 한단에 있는 어느 주막집에서 쉬고 있었다. 그때 초라한 옷을 입은 노생(盧生)이라는 젊은이가 방에 들어가 자신의 비참한 신세를 한탄하였다.

"나는 무엇을 해도 재수가 없어요. 자본이 없어 장사할 수가 없고 어렵사리 일을 추진해도 실패만을 거듭하니 세상을 살아갈 재미가 없어요."

자신의 잡다한 주변 얘기를 늘어놓더니 여옹이 빌려준 베개를 베고 잠이 들었다. 베개는 양쪽이 뚫려 있었는데 노생이 잠을 자는 동안 점점 커졌다. 노생은 그 구멍 속으로, 들어가 당대의 명문인 청하(靑河)의 최 씨 딸과 혼인하고 진사시험에 합격하여 관리가 되었다.

관운도 좋아 승진을 하였으나 어떤 재상의 모함을 받아 단주자사로 좌천되는 일도 있었다. 십년이 흘러가는 동안 천자를 잘 보필하였으나 누명을 쓰는 일도 있었다. 그 후 다시 벼슬이 회복되어 높은 관직에 앉았으며 슬하에는 손이 많아 다복했다. 세월이 흘러 몸이 쇠약해졌다. 바람처럼 50년이 흘러 이제 명이 다한 것이다. 노생이 문득 눈을 떠보니 자신은 여전히 그 주막집에 누워있었다.

邯鄲之夢

한단[邯][鄲]에서[之] 꾸었던 꿈[夢]
인생의 부귀영화는 일장춘몽과 같이 허무함을 이르는 말.

● **한자를 알면 문해력이 보여요**

邯(한) : 조나라 서울 한, 8획, 부수 阝　　邯(단) : 조나라 서울 단, 15획, 부수 阝
之(지) : 갈 지, 4획, 부수 丿　　夢(몽) : 꿈 몽, 13획, 부수 夕

邯자는 阝(우부방 읍), 甘(달 감)이 합하여 이루어진 모습이며, '땅 이름', '조 나라 서울'의 뜻을 가진 글자이다.

鄲자는 阝(우부방 읍), 單(홑 단)이 합하여 이루어진 모습이며, '조나라', '한단(조나라 수도)'를 뜻하는 글자이다.

之자는 '가다'나 '~의', '~에'와 같은 뜻으로 쓰이는 글자로, 사람의 발을 그린 것이다.

夢자는 艹(풀 초), 目(눈 목)자, 冖(덮을 멱), 夕(저녁 석)이 합해진 모습이며, '꿈'이나 '공상', '흐리멍텅하다'라는 뜻을 가진 글자이다.

나부지몽 羅浮之夢 : 나부산의 꿈이라는 뜻으로, 덧없는 한바탕의 꿈을 이르는
　　　　　　　　　　 말.
노생지몽 盧生之夢 : 인생의 영고성쇠는 한바탕 꿈처럼 덧없다는 뜻.
일장춘몽 一場春夢 : 한바탕의 봄 꿈처럼 헛된 영화나 덧없는 일이란 뜻.

● 멋지게 쓰기

이렇게 표현해요

"너의 목표가 **한단지몽**이 아니라는 걸 증명하려면,
결과로 보여줘야 한다."

호가호위

狐假虎威

여우가 빌린
호랑이의 위세

위나라 출신인 강을(江乙)이라는 변사가 초나라 선왕(宣王)밑에서 벼슬을 하게 되었다.

하루는 선왕이 신하들에게 물었다.

"초나라 북쪽에 있는 모든 나라들이 우리나라 소해휼(昭奚恤)을 두려워하고 있다는데 그것이 사실인가?"

당시 명재상으로 명망이 높았던 소해휼은 강을에겐 눈엣가시와 같은 존재였다. 그래서 이때다 하고 강을이 대답했다.

"호랑이가 한번은 여우를 붙잡았는데 여우가 말했습니다. '그대는 나를 잡아먹어서는 안 된다. 옥황상제께서 나를 백수의 왕으로 만들었다. 믿지 못하겠거든 내 뒤를 따라와 보라.' 그래서 여우를 앞세우고 호랑이가 뒤따라가 보니 모든 짐승이 도망쳤습니다. 호랑이는 여우가 무서워 다른 동물들이 달아나는 줄로 알았지만, 사실은 여우 뒤에 있는 호랑이가 무서워 도망쳤던 것입니다. 만사는 비슷합니다. 북쪽 나라들이 소해휼을 왜 무서워하겠습니까? 북쪽 나라가 무서워하는 것은 대왕의 무장한 군대입니다. 마치 모든 짐승이 여우 뒤에 있는 호랑이를 무서워하듯 말입니다."

277

남의 권세를 빌려 허세를 부림을 비유한 이 이야기는 『전국책(戰國策)』에 나오는데, 강을이 초나라 선왕에게 들려준 여우의 우화에서 '호가호위'가 유래했다.

狐假虎威

여우[狐]가 빌린[假] 호랑이[虎]의 위세[威]

여우가 호랑이의 위세를 빌린다는 뜻으로, 남의 권세를 빌려 위세를 부리는 것을 말함.

● **한자를 알면 문해력이 보여요**

狐(호) : 여우 호, 8획, 부수 犭   假(가) : 거짓 가, 11획, 부수 亻

虎(호) : 범 호, 8획, 부수 虍   威(위) : 위엄 위, 9획, 부수 女

狐자는 犭(개사슴록변 견), 瓜(오이 과)가 합하여 이루어진 모습이며, '여우'의 뜻을 가진 글자이다. 여우의 주둥아리는 오이처럼 길쭉하니, 여우를 연상해낼 수 있다. 犭자가 붙은 한자는 짐승 중 한 부류를 뜻하는 경우가 많다.

假자는 人(사람 인), 叚(빌릴 가)가 합해진 모습이며, '거짓'이나 '가짜'라는 뜻을 가진 글자이다. 자신의 것이 아닌 빌린 것이니, 여기에서 '거짓'이라는 뜻을 유추해낼 수 있다.

虎자는 '호랑이'나 '용맹스럽다'라는 뜻을 가진 글자로, 호랑이는 예나 지금이나 용맹함을 상징한다.

威자는 女(여자 여), 戌(개 술)이 합하여 이루어진 모습이며, '위엄'이나 '권위', '두려움'이라는 뜻을 가진 글자이다.

가호위호 假虎威狐 : 여우가 범의 위세를 빌려 다른 짐승들을 위협한다는 우화.

차호위호 借虎威狐 : 호랑이의 위세를 빌려 허세 부리는 여우라는 뜻.

세리지교 勢利之交 : 권세와 이익을 얻을 목적으로 맺는 교제.

● 멋지게 쓰기

이렇게 표현해요

"지금은 그런 일이 많이 줄었지만, 옛날에는 권력기관에 사돈의
팔촌만 있어도 안하무인으로 으스대며 **호가호위**하는 사람이
많았다."

호시탐탐
虎視耽耽
범이 먹이를 보며
탐하다

원문을 직역하면 호랑이가 두 눈을 부릅뜨고 내려다보고 있는 모습
이다. 위엄이 서린 그 모습은 분명 먹잇감을 사냥하기 위해 기회를 노
리고 있는 매서운 눈빛이다.

먼저『역경(易經)』이괘(頤卦)의 본문을 살펴보자.

"호시탐탐 기욕축축 무구(虎視耽耽 其欲逐逐 無咎)"

원문의 뜻을 그대로 풀어본다면, 호시탐탐하여 그 욕심을 쫓아가면
허물이 없다는 뜻으로, 욕심 사나운 짓거리가 옳은 일이면 어느 누구도
허물을 말할 수 없다는 뜻이다.

오늘날에도 여전히 나라와 나라, 개인과 개인 사이의 분쟁에서 그런
일들이 발생한다. 어쨌든 호시탐탐은 사람이 자신의 욕망을 채우기 위
해 기회를 노리며 정세를 관망하고 있는 것을 비유해서 쓰는 말이다

虎視眈眈

범[虎]이 먹이를 노려보듯[眈] 쳐다본다[視]

범이 먹이를 노린다는 뜻으로, 기회를 노리며 형세를 살핌

● **한자를 알면 문해력이 보여요**

虎(호) : 범 호, 8획, 부수 虍　　　視(시) : 볼 시, 11획, 부수 見

眈(탐) : 노려볼 탐, 9획, 부수 目　　眈(탐) : 노려볼 탐, 9획, 부수 目

虎자는 '호랑이'나 '용맹스럽다'라는 뜻을 가진 글자로, 호랑이는 예나 지금이나 용맹함을 상징한다.

視자는 示(보일 시), 見(볼 견)이 합하여 이루어진 모습이며, '보다'나 '보이다'라는 뜻을 가진 글자이다.

眈자는 目(눈 목), 冘(머무를 유)가 합하여 이루어진 모습이며, '(범이)노려보다'라는 뜻을 가진 글자이다.

眈자는 目(눈 목), 冘(머무를 유)가 합하여 이루어진 모습이며, '(범이)노려보다'라는 뜻을 가진 글자이다.

● **키워드로 배우는 사자성어 : #기회**

물실호기 勿失好機 : 좋은 기회를 놓치지 아니함.

득의지추 得意之秋 : 일이 뜻대로 이루어졌거나 이루어질 좋은 기회.

천재일우 千載一遇 : 좀처럼 만나기 어려운 좋은 기회를 이르는 말.

虎　視　眈　眈

이렇게 표현해요

"그 선수는 상대방의 실수로 **호시탐탐** 기다렸다가
결국 승리의 기회를 잡았다."

호연지기

浩然之氣 하늘과 땅 사이에 가득 찬 기운

맹자(孟子)에게 있어 하늘은 만물의 근원이며 우주의 주재자다. 그리고 사람의 본성 속에는 하늘의 뜻을 깨닫고 따르는 속성이 있다고 말했다. 맹자의 이러한 사고는 하늘의 질서를 인간의 도덕 원리로 삼는 천명(天命)과 천인합일(天人合一) 사상에 근거해 있다. 인간은 하늘이 주신 본성의 도(道)를 올바로 터득하고 충서(忠恕)를 실천함으로써 우주 천지 만물과 합일하여 호연지기(浩然之氣)를 이룰 수 있다고 하였다. '호연지기'는 크고 넓게 뻗친 기운이라는 뜻으로 맹자는 이 '호연지기'를 길러야만 흔들리지 않고 굳센 마음으로 도덕적 신념을 지킬 수 있다고 하였다.

공손추가 맹자에게 '호연지기'가 무엇이냐고 물었다. 그러자 맹자는 "호연지기는 말로 표현하기 어려운 것이다. 호연지기는 하늘과 땅 사이에 가득 찬 기운이다. 이 기운은 의로운 일을 할 때마다 생겨나서 쌓이는 것으로 조금이라도 양심에 어긋난 일을 한다면 곧 사라지고 만다."라고 대답했다.

맹자는 '호연지기'를 의(義)가 쌓여서 생기는 것이라고 표현한다. '호연지기'는 떳떳함에서 오는 용기이다. 올바름에 대한 내면의 목소리에 집중하고, 그 올바름에 대한 믿음이 강해지면 세력이 형성되어 몸 밖으로 표출되는 것이다. 그 올바름에 대한 실천을 통해 경험이 축적될수록 그 올바름에 대한 믿음은 더욱 견고하게 형성되어 떳떳해질 것이고 그것을 몸으로 실천해내는 행동력 역시 점점 강해질 것이다. 중요한 점은 내면의 소리를 들었을 때 어떠한 외부의 압력이나 장애에도 불구하고 자신의 도덕적 신념을 실천하려는 의지가 있어야 한다는 점이다. 진실에 항상 깨어있으며, 그것을 실천하려는 의지를 가져야 한다.

浩然之氣

하늘과 땅[浩][然] 사이에 가득 찬 기운[氣]
하늘과 땅 사이에 가득 찬 기운

● 한자를 알면 문해력이 보여요

浩(호) : 넓을 호, 10획, 부수 氵   然(연) : 그럴 연, 12획, 부수 灬

之(지) : 갈 지, 4획, 부수 丿   氣(기) : 기운 기, 10획, 부수 气

浩자는 水(물 수), 告(알릴 고)가 합하여 이루어진 모습이며, '넓다', '광대하다'라는 뜻을 가진 글자이다.

然자는 犬(개 견), 肉(고기 육), 火(불 화)가 합하여 이루어진 모습이며, '그러하다'라는 뜻을 가진 글자이다.

之자는 '가다'나 '~의', '~에'와 같은 뜻으로 쓰이는 글자로, 사람의 발을 그린 것이다.

氣자는 气(기운 기), 米(쌀 미)가 합하여 이루어진 모습이며, '기운'이나 '기세', '날씨'라는 뜻으로 쓰이는 글자이다.

● 키워드로 배우은 사자성어 : #흔들리지 않음 #기운

목인석심 木人石心 : 의지가 굳어 어떤 유혹에도 마음이 흔들리지 않는다는 뜻.
견인불발 堅忍不拔 : 굳게 참고 견디어 마음이 흔들리지 않음.
호기만발 豪氣滿發 : 꺼드럭거리며 뽐내는 기운이 온몸에 가득 차서 겉으로 드
　　　　　　　　 러남.

● 멋지게 쓰기

이렇게 표현해요

"**호연지기**를 기르려면 도리에 따라 행동하고
양심에 어긋나는 일을 하지 않아야 한다."

화룡점정

畵龍點睛

용을 그리고
눈동자를 찍다

남북조 시대에 중국의 양나라에 장승요(張僧繇)라는 이가 있었다. 그는 우군장군과 오흥 태수를 지낸 인물로 관직에 나아가 성공한 인물이지만, 일반적으로는 화가로 알려져 있다. 그는 자신이 지닌 붓으로 무엇이든 생동감 있게 그려낼 수 있는 재주가 있었다.

언젠가 강변에 있는 정자나무에 울창한 숲을 그렸는데 많은 새들이 날아와 벽에 부딪쳐 죽었다. 나무 숲인줄 알고 다가가다 벽에 부딪쳐 죽은 것이다. 그만큼 그의 그림에는 신력(神力)이 깃들어 있었다.

어느 때인가 금릉에 있는 안락사라는 절의 벽에 두 마리의 용을 그리게 되었다. 두 마리의 용은 눈꺼풀은 있는데 눈동자가 없었다.

"내가 용의 눈동자를 그리면 용은 벽을 뚫고 승천할 것이네."

사람들은 믿지 않았다. 어떻게 벽에 그린 용이 하늘로 날아오를 수 있냐는 것이었다. 주위에서 조롱 섞인 빈정거림이 일어나자 장승요는 두 마리 중 하나에만 눈동자를 그렸다. 바로 그 순간, 천지를 가르는 뇌성벽력이 일어나고 비늘을 번쩍이는 괴룡 한 마리가 하늘을 향해 날아갔다. 한참 후에 정신을 차린 사람들이 벽을 바라보았다. 그곳에는 눈동자가 없는 용 한 마리가 남아 있었다.

畫龍點睛

용[龍]을 그리고[畵] 눈동자[睛]를 찍다[點]

가장 중요한 부분을 마무리하여 마침내 완성했다는 뜻.

● **한자를 알면 문해력이 보여요**

畵(화) : 그림 화, 12획, 부수 田   龍(룡) : 용 룡, 16획, 부수 龍

點(점) : 점 점, 17획, 부수 黑   睛(정) : 눈동자 정, 13획, 부수 目

畵자는 聿(붓 율), 田(밭 전)이 합하여 이루어진 모습이며, '그림'이나 '그리다', '긋다'라는 뜻을 가진 글자이다.

龍자는 '용'이나 '임금'이라는 뜻을 가진 글자이며, 立(설 립)과 月(달 월)은 단순히 용의 모습을 한자화한 것일 뿐 글자가 가진 의미와는 아무 관계가 없다.

點자는 黑(검을 흑), 占(점치다 점)이 합하여 이루어진 모습이며, '점'이나 '얼룩', '불붙이다'라는 뜻을 가진 글자이다.

睛자는 目(눈 목), 靑(푸를 청)이 합하여 이루어진 모습이며, '눈동자', '안구'라는 뜻을 가진 글자이다.

● **키워드로 배우는 사자성어 : #완성 #중요함**

칠보성시 七步成詩 : 일곱 걸음에 한 편의 시를 완성한다는 뜻으로, 시를 빨리 잘 짓는 재주.

인후지지 咽喉之地 : 목구멍과 같은 곳이라는 뜻으로, 매우 중요한 길목을 이르는 말.

봉의군신 **蜂蟻君臣** : 하찮은 개미나 벌에게도 군신의 구별이 엄연히 존재한다
는 뜻으로, 신분 관계의 질서가 중요함을 이르는 말.

● **멋지게 쓰기**

이렇게 표현해요

"디자이너는 **화룡점정**처럼 가장 중요한
디테일을 추가하여 컬렉션을 완성했다."

換骨奪胎

뼈를 바꾸고
태를 빼낸다

남송의 중 혜홍(慧洪)이 쓴 『냉제야화(冷濟夜話)』에서 황산곡(黃庭堅)이 다음과 같이 말했다.

"시의 뜻은 끝이 없고 사람의 재주는 한계가 있다. 한계가 있는 재주로써 끝이 없는 뜻을 좇는 것은 도연명이나 두보일지라도 잘 되지 못할 것이다. 그러나 그 뜻을 바꾸지 않고 그 말을 한다는 것을 일러 환골법(換骨法)이라고 말하며, 그 뜻을 본받아 형용하는 것을 일러 탈태법(奪胎法)이라고 말한다."

도가에서는 금단(金丹)을 먹어서 보통 사람의 뼈를 선골로 만드는 것을 환골이라 하고 선인의 시에 보이는 착상을 나의 것으로 삼아 자기의 것으로 변화시키는 것을 탈태라고 한다. 따라서 환골탈태란 선배 시인들이 지은 시구를 자기의 시에 끌어다 쓰는 방법을 의미하는데, 이는 물론 남의 글을 그대로 베끼는 표절과 차원이 다른 것이다. 환골탈태가 안 되면 모방이나 표절이 되는 것이다.

환골탈태는 뼈를 바꾸고 태를 빼낸다는 뜻으로 기존 제도나 관습 따위를 고쳐 모습이나 상태가 새롭게 바뀐 것을 비유적으로 이르는 말이다.

換骨奪胎

뼈[骨]를 바꾸[換]고 태[胎]를 빼낸다[奪]

낡은 제도나 관습 따위를 고쳐, 모습이나 상태가 새롭게 바뀐 것을 말함.

● 한자를 알면 문해력이 보여요

換(환) : 바꿀 환, 12획, 부수 扌   骨(골) : 뼈 골, 10획, 부수 骨

奪(탈) : 빼앗을 탈, 14획, 부수 大   胎(태) : 근원 태, 9획, 부수 月

換자는 手(손 수), 奐(빛날 환)이 합하여 이루어진 모습이며, '바꾸다'나 '새롭게 하다'라는 뜻을 가진 글자이다.

骨자는 月(육달 월)과 冎(뼈 발라낼 과)가 합하여 뼈를 뜻하는 글자로, 月(달 월)이 붙어있는 한자는 대부분 신체 일부를 뜻하는 경우가 많다.

奪자는 大(큰 대), 隹(새 추), 寸(마디 촌)이 합하여 이루어진 모습이며, '빼앗다'나 '잃다'라는 뜻을 가진 글자이다. 큰 새가 지상에 있는 작은 동물을 포획하는 모습을 연상할 수 있다.

胎자는 月(육달 월), 台(별 태)가 합하여 이루어진 모습으로, 어머니 체내에서 아이가 생기기 시작했다는 뜻에서 어떤 일의 근원 또는 여자의 임신을 의미한다.

● 키워드로 배우는 사자성어 : #관습 #새로움

자유분방 自由奔放 : 격식이나 관습에 얽매이지 아니하고 행동이 자유로움.

인순고식 因循姑息 : 낡은 관습이나 폐단을 벗어나지 못하고 당장의 편안함만을 취함.

마호체승 馬好替乘 : 말도 갈아타는 것이 좋다는 뜻으로, 예전 것도 좋지만 새로운 것으로 바꾸어 보는 것도 좋다는 말.

● 멋지게 쓰기

이렇게 표현해요

"검찰의 **환골탈태**가 없이는 정치적 사건에 대한 수사 때마다 의혹이 계속 제기될 것이다."

사자성어를 알면
문해력이 보인다

초판 1쇄 펴낸날 2023년 11월 20일

지은이 신성권
펴낸이 이종근
펴낸곳 도서출판 하늘아래

주소 경기도 고양시 일산동구 하늘마을로 57- 9 3층 302호
전화 (031) 976-3531
팩스 (031) 976-3530
이메일 haneulbook@naver.com
등록번호 제300-2006-23호

ISBN 979-11-5997-092-4 (43190)